Hans Otto Meyer-Spelbrink

Citroën DS

Das ungewöhnlichste Serienautomobil aller Zeiten

© 2003
Zweite, überarbeitete Neuauflage der
gebundenen Erstausgabe von 1989
Verlag Podszun-Motorbücher GmbH
Elisabethstraße 23-25, D-59929 Brilon
Herstellung Druckhaus Cramer, Greven
ISBN 3-86133-321-X

Hans Otto Meyer-Spelbrink

Citroën DS

Das ungewöhnlichste Serienautomobil aller Zeiten

Vorwort

Unter der Prämisse, ein Auto zu konstruieren, das 20 Jahre seiner Zeit voraus sein sollte, gelang es einer kleinen Gruppe von hervorragenden Technikern und Stylisten, ein automobiles Kunstwerk zu schaffen, das erheblich vom bisherigen Bild des Fortbewegungsmittels abwich. Nicht zuletzt die Bezeichnung DS, die sich ausgesprochen (Déesse) als Göttin übersetzt und die erst dadurch sinnvoll erscheint, dass das Auto im Französischen weiblichen Geschlechts ist, schien diesem Automobil einen Triumph über Raum und Zeit zu vermitteln. Bis dahin unbekannte Qualitäten in punkto Sicherheit und Komfort, eingebettet in eine zeitlos schöne Form und eine robuste Gesamtkonstruktion, sollten namhafte Zeitgenossen dazu verleiten, einen Bezug zum Überirdischen nicht ganz ausschließen zu können. Aber ob begeisterte Schwärmerei oder nüchternes Aufzählen der charakteristischen Details – der DS 19 war die bisher größte Sensation im Automobilbau und konnte diese Außenseiterrolle beinahe 20 Jahre lang erfolgreich behaupten. Die DS- und ID-Modelle fanden 1,4 Millionen begeisterte Käufer; für weitaus mehr jedoch sind sie ein Traum geblieben. Vielleicht trägt diese Lektüre ein wenig dazu bei, sich diesen Traum zu erfüllen.

Dank

Mein herzlicher Dank gilt Monsieur Gérard Lorieux, Rélation de Presse Citroën, Sylvie Bader und Marie Clerin aus der Citroën-Fototeque, Reinhard Lintelmann sowie meinem alten Freund Fabien Sabatès, der mir unglaublich vielfältiges und seltenes Material zur Verfügung gestellt hat. Außerdem möchte ich mich für die freundliche Mithilfe an diesem Buch bei folgenden Citroënfreunden bedanken: Gerhard van Ackeren, Gerd Auer, Eckhard Bartels, Roger Brioult, Marten Boersma, Willi Dahlhausen, Carlo Delaisse, Stefan Gräve, Alfred Hasselmeyer, Jean Ivaldi, Martin Kraut, M. Olivier (Ets. Tissier), Frank Riemann, Ulrich Schwinn, Erwin Spiekers, Edgar Steidel, Beatrice und Christoph Vohler, Jan Vormer und ganz besonders bei Ulrich Brenken.

Autor

Hans Otto Meyer-Spelbrink, Baujahr 1952, mit Benzin im Blut geboren, verfügte bereits im Kindesalter über eine erstaunliche Sammlung von Prospekten, Heften und Büchern zum Thema Automobil. Die avantgardistische Kreativität im französischen Automobilbau faszinierte ihn genauso wie die Formalakrobatik der amerikanischen Chromschiffe der 40er und 50er Jahre. Als Besitzer mehrerer automobiler Raritäten hat er bereits viele Fahrzeuge eigenhändig restauriert, deren Gebrauchsfähigkeit sich selbst im Winter auf vielen Reisen bestätgt hat. Die Lust am Schreiben, verbunden mit profundem Detailwissen über die Automobilgeschichte im allgemeinen, der Marke Citroën im besonderen, sowie der direkte Draht zum Stammwerk in Paris führten zu Veröffentlichungen in vielen Fachmagazinen. Das Stöbern in umfangreichen Archiven lässt Bücher wie das Vorliegende entstehen.

Inhalt

Die großen Citroën sind unter uns 7

Zu neuen Ufern
Die DS-Entwicklung 1935 bis 1955 9

Das Brot der frühen Jahre
1955 bis 1960 28

In fremdem Gewand
Spezialkarosserien und Prototypen 68

Unter Staub und Lorbeerkranz
Das erfolgreiche Rallye-Abenteuer 1960 bis 1975 93

Im Dschungel der Technik 105

Die Göttin in Zahlen
20 Jahre DS- und ID-Produktion 115

„Taxi, Monsieur?" Nur wenige Cauffeure kauften sich schon 1958 einen ID 19

Wie aus dem Bilderbuch! DS 19 von 1961

Foto: Citroen F, Archiv FGV

Die großen Citroën sind unter uns

„Die großen Citroën sind unter uns. Sie tauchen plötzlich auf. Vor Ihnen in einer Kurve. Oder in Ihrem Rückspiegel. Oder mit vollen Scheinwerfern in der Nacht. Scalare mit großen wachen Augen. Oder Raumschiffe, die durch das All schweben. Wenn sie stehen, ähneln sie intelligenten Robotern. Sie tauchen ebenso schnell auf wie sie verschwinden. Die großen Citroën sind unter uns. Sie schufen eine neue Realität: seit sie erschienen sind, hat sich der Begriff des Automobils gewandelt."

Diese Zeilen aus einem DS-Prospekt dokumentieren den ungewöhnlichen Charakter dieses Autos. Niemals wieder in der Automobilgeschichte war die Vorstellung eines neuen Autos derart sensationell, und niemals wieder wurde die Entwicklung mit solch aufsehenerregender Reklame begleitet; allein die Gestaltung werbewirksamer Medien gäbe genug Material für ein Buch.

Der Prospekt stammt aus dem Jahre 1969, als man zwei Jahre zuvor die DS-Modelle stylistisch leicht überarbeitet hatte und sie mit zusätzlichen mitlenkenden Scheinwerfern versah. In diesen Jahren gelang es ertsmals, Citroën auf eine gesunde finanzielle Basis zu stellen. Der andauernde Verkaufserfolg des kleinen 2 CV, die mit einem hervorragenden Ruf behafteten Ami 6 und Ami 8 und nicht zuletzt die mittlerweile ausgereiften ID und DS schufen eine wirtschaftliche Situation, die sich sehen lassen konnte.

Ein Nachfolger des DS schien Illusion. Ein solches Auto konnte keinen Nachfolger haben. Der Erfolgszwang lähmte die Initiative. Das heraufbeschworene Vakuum nach Produktionseinstellung wirkte lange nach und hat das Bild von Citroën nachhaltig beeinflußt.

Viele bezeichnen den SM als eigentliche Weiterentwicklung des DS, und in der Tat: würde man sich die Faszination einer SM-ähnlichen Optik an einem DS-Nachfolgemodell vorstellen, wären alle CX und BX zu schnödem Schuhkarton-Design verkommen.

Aber anstatt die am SM realisierten, zweifellos ebenso kühnen Stilelemente und konstruktiven Lösungen solch einem DS-Nachfolger zuteil werden zu lassen, begab man sich auf das Glatteis der Luxuswagen-Produktion. Hätte man an die bis dahin erfolgreiche hauseigene Tradition angeknüpft, so wären nämlich die ersten langfristigen Planungen für einen zukünftigen großen Citroën bereits 1960 in Angriff genommen worden, denn der Startschuß für die Entwicklung des DS fiel schon 1938, also nur vier Jahre nach Erscheinen des Traction-Avant.

Zu dieser Zeit war der Traction zu einem durch und durch zuverlässigen Gebrauchsauto herangereift; die

Citroën SM – Fortschritt oder Sackgasse?

technischen Neuerungen konnten in ihrer Gesamtzahl als einzigartig bezeichnet werden und hatten so diesem Auto den Status eines Meilensteines im Automobilbau verliehen. Ein derart zukunftsweisendes Konzept mit selbsttragender Ganzstahl-Karosserie, Frontantrieb und hochmodernem Motor hätte aus damaliger Sicht nur den Neuerungen der Zeit angepaßt werden müssen, um noch weit mehr als 20 Jahre Vorreiter einer ganzen Automobilgeneration zu bleiben; Firmen wie Opel oder Daimler-Benz verfolgten in dieser Zeit die Novität ihrer Modelle stets nur nach diesem Schema.

Nein, dass aus dem Plan, bereits Ende der dreißiger Jahre einen verbesserten Traction herauszubringen, nichts wurde, findet seinen Grund in der bewegten Geschichte einerseits und vor allem im Engagement einiger weniger hochqualifizierter Männer, die neben ihrem technischen Können auch den Begriff der Phantasie ihr eigen nennen durften.

Der DS schuf nicht umsonst von Anfang an eine Assoziation mit Kunst und Kreativität. Statt zeitüblicher Beschreibung enthoben ihn Pressetexte in eine Aura des Sagenhaften.

„Mit dem DS vergaß man, daß es schlecht Straßen gab, nasse Straßen, Kurven und abschüssige Strecken. Mit dem DS entdeckte man eine andere, eine neue Art des Fahrens. Man erfuhr, wie das Dahingleiten, die Ruhe, die absolute Sicherheit Wirklichkeit wurden. Man erlebte das anregende Schauspiel, wie der DS sich hob, nach vorn schnellte und davonfuhr wie der Wind."

Der Philosoph Roland Barthes, bis zu seinem Tod 1980 Professor am Collége de France in Paris, versucht in seinem berühmten Buch „Mythologies" von 1957 das Phänomen DS zu analysieren.

„Ich glaube, daß das Auto heute das genaue Äquivalent der großen gotischen Kathedralen ist, ich meine damit: eine große Schöpfung der Epoche, die mit Leidenschaft von unbekannten Künstlern erdacht wurde und die von einem ganzen Volk benutzt wird, das sich in ihr ein magisches Objekt aneignet.

Die Déesse hat alle Wesenszüge eines jener Objekte, die aus einer anderen Welt herabgestiegen sind, von denen die Neomanie des 18. Jahrhunderts und die unserer Science-Fiction genährt wurden.

Es handelt sich bei diesem Auto um humanisierte Kunst, und es ist möglich, daß die Déesse einen Wendepunkt in der Mythologie des Automobils bezeichnet. Bisher erinnerte das Automobil eher an das Bestiarum der Kraft. Jetzt wird es zugleich vergeistigter und objektiver."

Ein weiterer kurzer Ausflug in die Philosophie sei daher gestattet: Die jahrhundertealte Grundlage für Vervollkommnung und Harmonie, die Gleichzeitigkeit des Männlichen und des Weiblichen, das Androgyne also, versinnbildlicht der DS wie kein anderes Produkt des Industriezeitalters. Diese Symbolik, in gelungener Synthese aus Kraft und Technik und Sicherheit und Geborgenheit, unterscheidet dieses Auto von allen anderen und ist ursächlich für den fraglos vorhandenen Mythos, mit dem der Citroën DS behaftet ist.

Zu neuen Ufern

Die DS-Entwicklung 1935 bis 1955

Weiße Chrysanthemen schmücken den großen Präsentationsraum im Citroën-Hauptwerk am Quai de Javel in Paris, als am 23. März 1934 eine Gruppe von Vertragshändlern eingelassen wird.

Das Objekt aller Zweifel und Spekulationen steht leibhaftig vor ihnen: der neue Citroën.

Dieser Typ 7 Traction-Avant (Frontantrieb) hat schon von der äußeren Form her das Zeug, sich von allen bisher erschienenen Fahrzeugen seiner Klasse zu unterscheiden. Mit einer erstmals in der Welt in Serie hergestellten selbsttragenden Ganzstahlkarosserie versehen, gelingt es, ein Auto zu konstruieren, das wesentlich flacher und eleganter als seine Vorgänger und Konkurrenten erscheint. Der tiefliegende Schwerpunkt und das Fehlen der Trittbretter tun ein übriges, um Leistung und Fahrsicherheit auch nach außen hin zu vermitteln.

Begeisterung weicht der Skepsis, als Fahrversuche unternommen werden. Frontantrieb, Drehstabfederung, Einzelradaufhängung vorn, hydraulische Bremsanlage; dazu ein völlig neu entwickelter 4-Zylinder-Motor mit hängenden Ventilen und auswechselbaren Zylinderlaufbüchsen sind technische Details, die schnell überzeugen. Obwohl die ersten Vorserien-Modelle grauenhaft zusammengepfuscht sind, läßt der Gesamteindruck keinen Zweifel: Das Fahrverhalten aller zukünftigen Automobile muß an diesem gemessen werden.

Dabei ist das Jahr 1934 das schwärzeste in der Firmengeschichte. André Citroën, der nach dem Ersten Weltkrieg 1919 mit immensen Krediten die ihm angediehene moderne Waffenfabrik am Quai de Javel in Paris zu einer Produktionsstätte für die ersten europäischen Fließbandautos umbauen ließ, steht kurz vor der Pleite. Aufsehenerregende Expeditionen rund um den Erdball und die Einführung der Ganzstahlbauweise in Europa (1924) haben ihn zwar zu einem der größten Automobilhersteller in Europa werden lassen und seinen Namen um die ganze Welt getragen, doch treiben ihn die permanente Abhängigkeit von seinen Geldgebern sowie die Auswirkungen der Weltwirtschaftskrise in immer größere finanzielle Schwierigkeiten.

Der neue Traction-Avant soll Citroën aus dieser Misere helfen; in nur 18 Monaten hat ihn André Lefèbvre konstruiert – eine unglaubliche Leistung dieses jungen Ingenieurs, der von nun an die Geschicke des Hauses Citroën maßgeblich beeinflussen soll.

La Traction – l'attraction – wie dieses Auto auf Anhieb getauft wird, avanciert tatsächlich zu einem epochalen Automobil; für André Citroën selbst freilich etwas zu spät, denn im November beginnt das Konkursverfahren, und die Reifenfabrikanten Michelin sind von nun an Eigner seiner Werke. Am 3. Juli 1935 stirbt André Citroën, ohne den grandiosen Erfolg seines Traction miterlebt zu haben.

Unter dem neuen Generaldirektor Pierre Boulanger, der nach dem plötzlichen Tod Pierre Michelins 1938 von der Familie Michelin eingesetzt wird, um Citroën zu sanieren, bekommt André Lefèbvre schon bald Gelegenheit, seinem ungewöhnlichen Tatendrang freien Lauf zu lassen. Der Liebhaber von schönen Frauen und exzellentem Essen, dessen weißer Overall ihn als waghalsigen Rennfahrer und dessen Fliegerjacke ihn als begeisterten Piloten ausweisen, hat bereits eine steile Karriere hinter sich. 1894 in Louvres bei Paris geboren, erhielt er 1914 sein Diplom an der Hochschule für Aviatik und stieg bei Gabriel Voisin ein, dem Flugzeugbauer und wahnwitzigen Konstrukteur höchst ungewöhnlicher und technisch äußerst raffinierter Automobile.

Voisin ist ein Genius, fast ein Verrückter, dessen Ideenreichtum sich nicht nur auf die Entwicklung aller

André Lefebvre Anfang der zwanziger Jahre, ein Genie unter den Konstrukteuren. Seine drei wichtigsten Kreationen (Traction, 2 CV und DS) werden zu Meilensteinen in der Automobilgeschichte.

Foto aus: „Citroën-l'histoire et les secrets de son bureau d'études" von Roger Brioult

möglicher Flugmaschinen beschränkt, sondern auch in der Konstruktion nahezu sämtlicher erdgebundener Fortbewegungsmittel seine Bestätigung findet. Die Namen seiner Automobil-Kreationen mit Drehschiebermotor (Simoun, Sirocco, Aerodyne...) können nur halbwegs seine Begeisterung für die eigenen Produkte zum Ausdruck bringen; die absolut einmaligen Design-Kombinationen von Bezugstoffen und Accessoires in feinster Art-Deco-Manier lassen sein pures Talent für Futuristik und schrille Mode nur erahnen.

Von 1919 bis 1931 blieb Lefèbvre bei Voisin, bis dieser (wie alle Genies ständig am Rande des Ruins) ihm nahelegen mußte zu gehen, weil die Kasse leer war. Lefèbvre wechselte zu Renault, doch Voisin blieb sein Vorbild, und dessen Förderung schuf in ihm zweifellos eine ungeheure Bestätigung zur Durchsetzung seiner Ideen.

Beim patriarchisch-konservativ herrschenden Louis Renault allerdings hielt es Lefèbvre nicht lange aus; am 12. März 1933 holte ihn André Citroën zum Quai de Javel. Der Traction wurde sein Gesellenstück.

Erste Umrisse

Nur selten entwickelt sich unter starken Persönlichkeiten mit dem Hang zur Exzentrik eine lang andauernde Teamarbeit; nur der Respekt voreinander schafft die Basis für eine fruchtbare Verbindung. Es mag dem Geist der Stunde anzurechnen sein, daß Charaktere wie André Lefèbvre und Flaminio Bertoni zusammentreffen. Bertoni, dessen ungeheure Schaffenskraft von einer Genialität gespeist wird, die es wohl nur selten in diesem Metier zu finden gibt.

Bertoni stammt aus Italien, er ist mehr als ein Stylist oder Produktgestalter, er ist Künstler durch und durch. Die Vitalität, die von ihm ausgeht, findet sich in erstaunlich ruhigen und glatten Formen wieder, deren elementare Ursprünge in der Natur zu suchen sind – Eingebungen, die nicht auf der Computergrafik oder im Windkanal entstanden sind, sondern in einem phantasievollen Geist.

Er hat den Traction gezeichnet, im Handstreich sozusagen, dem Wunsch Lefèbvres entsprechend, der vor seiner Tür auf und ab gegangen ist, um dann und wann als Sklave seiner Ungeduld hineinzustürmen. Am Ende kann er mit Bertonis Arbeit zufrieden sein. Doch Lefèbvre hat Blut geleckt. Was sonst sollte man wohl von jemandem erwarten, der sich jahrelang mit der Aerodynamik von Flugzeugen beschäftigt hat, der

Der 2 CV-Prototyp von 1938 wurde zur Versuchsplattform für neue Federungssysteme.

mehr über Materialkunde weiß, als sonst irgendein Ingenieur, und dessen prinzipielle Vorstellungen von einem fortschrittlichen Automobil bereits im wesentlichen die Konturen des späteren DS umreißen: Lefèbvre träumt von einem Fahrwerk, das Bodenunebenheiten ausgleicht, das wie von selbst eine gleichbleibende Bodenhaftung gewährleistet. Ein Auto, dessen Fahrleistungen nicht das Ergebnis eines starken Motors sind, sondern die vielmehr der Kombination aus Aerodynamik und der Verwendung von ultraleichten Materialien entspringen.

Allerdings erscheinen auf den Skizzenblöcken seine Traumautos eher als zeppelinähnliche Modelle, einer Flugzeugkanzel nicht unähnlich und stets der Form des Tropfens entlehnt – Gabriel Voisin mag heimlich schmunzeln.

Pierre Boulanger hingegen läßt Stück für Stück den wegen der kurzen Entwicklungszeit mit vielen Kinderkrankheiten behafteten Traction verbessern; Bertoni entwirft schon geschlossenere Linien im Hinblick auf die Modellpflege und zeichnet nebenher einen neuen Mittelklassewagen, der unterhalb des Traction angesiedelt werden soll und dessen fließende Formen mit integrierten Scheinwerfern und der bis hinaus aufs Dach gezogenen modisch geteilten Frontscheibe den Vorstellungen von Lefèbvre schon etwas näher kommen. Dieses kurioserweise AX genannte Projekt verschwindet allerdings in den Archiven; grundlegende Karosseriedetails indes werden später von Bertoni für die formale Überarbeitung des 2 CV benutzt werden.

Dieser, 1936 noch TPV (Toute petite voiture = ganz kleines Auto) genannte Prototyp steht im Mittelpunkt von Citroëns Entwicklungsabteilung. Während Lefèbvre ebenso neuartige wie aufsehenerregende Lösungen für diesen Kleinwagen erarbeitet, läßt ihn sein Traum nicht los. Ständig auf der Suche nach dem Optimum, schafft er sich im Hause den Ruf von Besessenheit. In der Konzeption des Traction sieht er bereits die Einschränkung seiner vielen Ideen. Ein Auto nach seinen Vorstellungen müßte solch einen spektakulären Durchbruch ermöglichen, daß es in der ganzen Welt Verbreitung findet... Boulanger übernimmt zumindest schon einmal das Kürzel aus dieser Vorgabe: VGD (Voiture à grande diffusion). Obwohl er als Generaldirektor einen mehr oder weniger festen Zeitplan für die Produktion eines überarbeiteten Traction ins Auge faßt (neue 4- und 6-Zylinder-Modelle, Kombi- und Lieferwagen), unternimmt Lefèbvre bereits die ersten Schritte zum späteren DS. Wohl wissend, daß eine flach ansteigende Motorhaube die grundlegende Voraussetzung für eine gute Aerodynamik bietet, sucht er nach Alternativen zu den hochbauenden Reihenmotoren. Seine rechte Hand, George Sallot (Jahrgang 1898), entwickelt ihm einen 1-Liter-Vierzylinder, den er in einen modifizierten Traction quer einbauen läßt. Von Voisin, der ihn bei seiner Arbeit unterstützt, erhält er einen 3-Zylinder-Sternmotor, wie er in kleinen Flugzeugen Verwendung findet. Der Sternmotor ist äußerst kompakt, wegen der komplizierten Verbindung zum Getriebe wird diese Lösung wie auch die mit dem Quermotor wieder fallengelassen. So ist es nur eine Frage der Zeit, bis Lefèbvre auf den Boxermotor kommt.

„Die Regeln der elementaren Physik sind einfach genug, um von allen verstanden zu werden: Ein bewegter Körper bleibt in der Bewegung nur dann beständig, wenn die Lage seines Schwerpunktes mit der Bewegung übereinstimmt und so ein ständiges Gleichgewicht erzielt. Ein Vorderradantrieb, bei dem die Hauptbelastung auf der vorderen Achse liegt, ist ein Fahrzeug, das ständig im Gleichgewicht bleibt. Zu dieser Tatsache kommt ein weiterer Vorteil, daß die Vorderräder, die zugleich Antriebsräder und lenkende Räder sind, gut belastet werden und dadurch eine hervorragende Bodenhaftung besitzen."

Diese Beschreibung ist im l'Automobile zu lesen – aber erst 20 Jahre später, dann nämlich, wenn sich mehr oder weniger alle Autofirmen zaghaft an das Thema Frontantrieb herantasten werden. Für Lefèbvre stehen diese Tatsachen bereits seit Anfang der dreißiger Jahre fest, eine Diskussion darüber erübrigt sich für ihn.

Während der nächsten Jahre allerdings bleiben seine Pläne Theorie; der nachmittägliche Champagner wie die mitten in der Nacht vollführten kleinen Abenteuer-Reisen in das Reich der Automobilutopie im Versuchsbüro fallen meistens aus, denn der Krieg trifft Paris mit aller Härte.

Start frei für den VGD

Paul Magès, Jahrgang 1908, ist seit Mitte der dreißiger Jahre bei Citroën. Die erste große Aufgabe als Entwicklungsingenieur besteht in der Konstruktion einer Bremsanlage für den Prototyp eines völlig neuartigen Lieferwagens. Um auf möglichst kleiner Fläche und bei möglichst geringem Gewicht eine hohe Zuladung zu erreichen, entsteht das Konzept des TUB-Lieferwagens, der mit seiner platten Schnauze ohne die traditionelle Kühlerhaube gleichzeitig der Prototyp einer ganzen Generation von Lieferwagen werden wird. Der VW-Bus und die Renault Estafette, Peugeot J 5 und Ford FK 1000, ja sogar die Großraumtransporter von Daimler-Benz werden nach diesem Muster entstehen.

Magès erkennt, daß bei einem leichten Lieferwagen das Problem einer effektiven Verzögerung auch bei unterschiedlichen Beladungen nur mit einer variierbaren Hochdruckbremse in den Griff zu bekommen ist. Diese Erkenntnis wird zur Triebfeder der zukünftigen Hydraulikentwicklung.

Leider verhindert auch hier der Krieg die Fortsetzung dieser Versuche; der TUB wird in kleiner Serie mit

Paul Magès, „der Professor", Erfinder von Citroëns weltbewegender Hydraulik.

Fotografieren verboten! – lautet die Order. So ist Bertonis Selbstportrait zusammen mit dem 6-Zylinder-VGD 140 das einzige Fotodokument des „l'hippopotame" von 1948.

Das ist es – „das Nilpferd", der VGD 125 von 1950. Nach Berichten ehemaliger Mitarbeiter und Bertoni-Zeichnungen von Martin Kraut fast 40 Jahre später rekonstruiert.

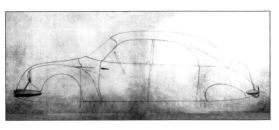

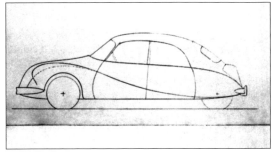

Bertonis Skizzen für den VGD zeigen bereits 1947 die grundlegenden Linien für den späteren DS.

dem herkömmlichen hydraulischen Bremssystem des Traction produziert und wegen seines niedrigen Bodens und der Stehhöhe hauptsächlich als Ambulanz eingesetzt. In den kommenden Jahren entstehen unter deutscher Besatzung im Citroën-Werk Generatoren, Heizkörper und Lastkarren sowie einige wenige Nutzfahrzeuge für die deutsche Wehrmacht. Heimlich arbeitet Boulanger an der Vervollkommnung des 2 CV weiter. Er holt Magès in seine Entwicklungsmannschaft und läßt ihn das 2 CV-Fahrwerk überarbeiten. Parallel dazu brütet Magès an seiner Hydraulik.

Schon 1946 wird die Planung für den zukünftigen Traction-Nachfolger wieder aufgenommen. Magès hat inzwischen zusammen mit dem Leiter der Werkzeugabteilung, Meignan, eine winzige Hochdruckpumpe mit einem Volumen von einem Kubikzentimeter entwickelt. Während nahezu routinemäßig die Verbesserungen am 2 CV vorgenommen werden, fahren die ersten VGD-Prototypen mit Traction-Karosserie, die Lefèbvre D-1 und D-2 getauft hat, auf dem 1938 errichteten Testgelände in La Ferté-Vidame ihre Runden.

Mit dem neuen Ingenieur Léon Renault arbeitet Magès weiter am Federungssystem. Die Vorteile der Drehstabfederung sind unumstritten, Abstriche im Fahrkomfort aber lassen Magès nicht ruhen. Fünf verschieden ausgestattete Prototypen, mit D-3 bis D-7 gekennzeichnet und teilweise sogar mit der Federung des 2 CV bestückt, werden auf der Straße den härtesten Bedingungen unterworfen. Nicht selten übernehmen Lefèbvre und Boulanger selbst das Steuer. Auf der Suche nach einer möglichst flachen Antriebseinheit werden verschiedene Lösungen verfolgt: Walter Becchia, der den legendären 2-Zylinder-Boxermotor für den 2 CV schuf, arbeitet an einem 6-Zylinder-Boxer mit 1,8 Litern Hubraum; Lefèbvres Mitarbeiter George Sallot hingegen konstruiert nun zum zweitenmal einen querliegenden Reihen-Vierzylinder, diesmal aber mit 2000 ccm und der Vorgabe für einen geneigten Einbau.

Derweil reifen bei Flaminio Bertoni die ersten Karosseriestudien. Bertoni arbeitet mit Plastilin, einem Werkstoff, dessen Benutzung er in den dreißiger Jahren selbst eingeführt hat. Die nach den Entwürfen gefertigten Holzmodelle lassen bereits einen völlig glatten Unterboden und Luftöffnungen unterhalb der vorderen Stoßstange erkennen. Die Aerodynamik scheint ausgewogen. Man hat dazu Versuche mit einer kompletten Bodenwanne unternommen, die das Fahrwerk und die Auspuffanlage aufnehmen soll. Lefèbvre bringt den jungen Physiker Auguste Lecoultre in das Entwicklungsbüro, der seine Ideen von floureszierenden Karosseriepartien, hervorgerufen durch Lichtbündelung und Mikroorganismen, erklärt. Das jedoch ist Boulanger zuviel…

Peugeot hat in der Zwischenzeit seinen völlig neuen Typ 203 vorgestellt; die amerikanische Linie entspricht dem Zeitgeschmack. Sofort wird das Auto

Weitere VGD-Entwürfe von 1948 bis 1950

André Lefèbvre 1894-1964, ein Genie unter den Konstrukteuren

Pierre Bercot, seit 1950 Direktor unter Puiseux und von 1958 bis 1970 Generaldirektor. Seiner Entscheidung verdanken wir den Citroën DS!

mit weitgehend konventioneller Technik ein voller Erfolg. Boulanger will so schnell wie möglich den Traction-Nachfolger auf den Markt bringen, er kann sich auf die am besten organisierte Entwicklungsabteilung verlassen, die je eine Autofabrik besessen hat; und in der Tat sind die Planungen vielversprechend.

Der neue Mann

Seit es Automobile gibt, haben ihre Hersteller stets versucht, die meist geräuschvollen und qualmenden Fortbewegungsmittel der Eleganz und Rasse von edlen Tieren nahezusetzen, denn nicht umsonst sind die ersten Autos die direkten Nachfahren unserer Pferde gewesen; die Bezeichnung „Pferdestärken" zeugt noch heute davon. So ziert den Ford V 8 ein gestreckter Windhund, der mit seinem schlanken Körper den Wind zu zerteilen schien; unter majestätischen Kormoranschwingen blitzte der hohe Packard-Kühler, und selbst das geflügelte Pferd, der Pegasus, der einst Perseus über die Welten trug, wurde zum Markennamen von spanischen Luxus-Sportwagen. Ein Auto aber „Nilpferd" zu taufen, entspringt zweifelsohne nicht dieser Tradition. L'hippopotame, französisch „das Flußpferd", nennen die Mitarbeiter des Versuchsbüros den VGD-Prototypen. Dieser ist allerdings ein äußerst elegantes Fahrzeug, dessen gefällige Rundungen ihm seinen Spitznamen gaben. Er besitzt schon die breite Schnauze und hinten die schmalere Spur, im Innenraum sind vorn drei Sitze nebeneinander und hinten zwei vorgesehen. Vorder- und Hinterteil der Voll-Aluminium-Karosserie lassen sich komplett hochklappen, die Anordnung der Drehstäbe (teilweise noch quer unter der Sitzbank) wirft noch Fragen auf.

Bereits im nächsten Jahr erwartet Boulanger die Produktion des VGD 140 genannten neuen Modells mit dem elastischen 6-Zylinder-Motor des 15-6 Traction Avant, ein halbes Jahr später die des mit dem Reihen-Vierzylinder des 11 CV bestückten kleineren VGD 125; die Zahlen dürften für die erwartete Höchstgeschwindigkeit stehen. Doch es kommt alles ganz anders: Im Dezember 1950, als sich entgegen allen Prophezeiungen der grandiose Erfolg des 2 CV langsam abzeichnet, verunglückt Pierre Boulanger mit seinem schwarzen 15-6 (der mit dem neuen 4-Gang-Getriebe für den VGD ausgerüstet ist) auf der Route Nationale von Clermont-Ferrand nach Paris. Er, der eisgraue, liebenswerte „Patron" ist auf der Stelle tot.

Die Michelins ernennen ihren bisherigen Chef Robert Puiseux, Schwiegersohn von Vater Edouard, zum neuen Generaldirektor von Citroën. Puiseux ist ein hervorragender Kaufmann und begeisterter Cabrio-Fahrer. 1946 hat er sich einen 15-6 Roadster am Quai de Javel fertigen lassen, das vierte und letzte Einzelstück seiner Art, dessen traurige Überreste nach 18 Monaten ebenfalls auf der Straße nach Clemont-Ferrand in einem Baum hingen.

Um nun Puiseux bei seiner neuen Aufgabe zu entlasten, schickt Michelin einen weiteren Mann in die Chefetage: Antoine Brueder, der ehemalige Personalchef. Er und Boulangers eigentlicher Nachfolger und dessen Favorit, Pierre Bercot, sollen ein untergeordnetes Direktorium bilden.

Bercot ist ein Mann mit Charisma, er ist bekannt für seine weitsichtigen Entscheidungen und für seine Zivilcourage. Lefèbvre und Bertoni erklären ihm die bisherige Entwicklung. Bercot ist anfangs von Bertonis Prototypen verwirrt, sieht doch alle Welt die Automode von den Amerikanern geprägt. Modelle wie der Kaiser Franz oder Nash Airflyte gelten als zukunftsträchtig, sogar Pininfarina findet zur kastenförmigen Ponton-Form.

Lefèbvre setzt dem neuen Chef seine Ideen auseinander und steckt ihn an: Fortan hat er freie Hand bei der Weiterentwicklung des neuen großen Citroën. Er erkennt seine Chance. Die nahezu abgeschlossene Entwicklung des VGD wird unter völlig neuen Vorzeichen wieder aufgenommen.

Während seiner Zeit bei Voisin hat er Jean-Albert Grégoire kennengelernt, jenen ebenso berühmten französischen Konstrukteur der Avantgarde, einer der Pioniere des Frontantriebs und Vater des phantastischen Panhard Dyna. Die erstaunlichen Fahrleistungen des Dyna wie hohe Geschwindigkeit und hervorragende Straßenlage bei minimalem Benzinverbrauch sind das Ergebnis einer Konzeption, die Lefèbvre schon längst bei Voisin erprobt hatte: geringes Gewicht durch die Verwendung von Leichtmetall, ein ultraleichter Boxermotor, möglichst weit vorn eingebaut, und natürlich Frontantrieb. Welche sensationellen Werte dürfte dieses kleine, mit einer recht verschnörkelten Alu-Karosserie versehene Auto wohl erreichen, würde man ihm eine bestens durchdachte, nach allen Regeln der Aerodynamik gezeichnete Karosserie geben?

Grégoire schuf bereits 1926 den Tracta, ein ebenso richtungsweisendes Automobil mit erstmals kultiviertem Vorderradantrieb. Neben vielen interessanten Details besaß der Tracta die Bremsen direkt am Getriebeausgang. Der Tracta ging in die Automobilgeschichte ein – Lefèbvre leiht sich von ihm die Anordnung der Bremsen. Und noch eine andere technische Innovation übernimmt Lefebvre von Grégoire: die homokinetische Antriebswelle. Um eine vom Einfederungszustand und vom Lenkeinschlag möglichst unbeeinflusste, gleichmäßige Drehmoment-Übertragung zu gewährleisten, werden die äußeren und inneren Mitnehmer durch mehrere Kugeln schwenkbar und längs verschiebbar miteinander verbunden.

Die Wirkung herkömmlicher Trommelbremsen genügt dem Anspruch an ein deutlich schnelleres und sichereres Automobil nicht im geringsten. Nach vielen Diskussionen mit seinem Vertrauten und ehemaligen Arbeitgeber Voisin läßt Lefèbvre, zum hundertsten Male von der Luftfahrttechnik inspiriert, eine Bremse entwickeln, bei der, ähnlich einer Kupplung, eine mittlere Bremsscheibe über drei Kolben von zwei belegten Scheiben zusammengedrückt wird. Das ist sie – die Scheibenbremse! (Nur heißt sie noch nicht so, sondern „frein à plateau").

Alphonse Forceau und sein Mitarbeiter Jacques Né, die in der Entwicklungsabteilung unter dem Werkstattchef Roger Prud'homme Lefèbvres Angaben realisieren sollen, sehen sich mit größeren Problemen konfrontiert. Zum einen gerät die Konstruktion viel zu schwer, zum anderen entwickeln sich während des Bremsens mörderische Temperaturen, vor allem jetzt, seit Paul Magès und sein Mitarbeiter Léon Renault die Aggregate für die Hochdruckbremse nahezu perfektioniert haben. Man probiert verchromte Alu-Scheiben, und Né versucht es sogar mit einer hohlen Bremsscheibe, die an den Kühlwasserkreislauf angeschlossen wird. Schließlich werden speziell geformte Luftschächte montiert, womit das Hitzeproblem weitgehend gelöst scheint.

Nach vorsorglichem Durchblättern aller Patentschriften, die sich mit ähnlichen Bremssystemen beschäftigen, entwickelt Né eine Scheibenbremse, an deren Bremszange einseitig zwei Kolben wirken. Als ein Jahr später, nämlich 1953, der Jaguar XK 120 mit Dunlop-Scheibenbremsen und Rolt und Hamilton am Steuer die 24 Stunden von Le Mans gewinnt, weiß Lefèbvre, daß dieser Weg der richtige ist...

Deshalb wird man auch auf dem Jaguar-Stand der Londoner Motor-Show im Herbst 1953 zwei Männer sehen, die sich besonders unauffällig für die Dunlop-Scheibenbremse interessieren. Sie werden sich dabei nicht unterhalten dürfen, denn man weiß bei Jaguar um den Wert dieser Konstruktion. Zu Hause angekommen, werden sie dann wissen, wie man es nicht machen soll – die Citroën-Scheibenbremse gerät wesentlich durchdachter. Eine spätere Klage von Dunlop wird in allen Instanzen abgewiesen.

Hinein in die Zukunft!

Alle bisherigen Radaufhängungen sind im wesentlichen so konzipiert, daß die Drehzapfen der Vorderräder jeweils weiter innen angesiedelt sind und so der gedachte Mittelpunkt des Rades beim Einschlag um den Drehzapfen einen Halbkreis beschreibt.

Lefèbvre will ein Fahrwerk, dessen Aufhängung so gestaltet ist, daß Begriffe wie Spursicherheit und Richtungsstabilität in bisher nie gekanntem Maße Bedeutung finden. Um zusätzlich eine gleichmäßige Kräfteverteilung über die ganze Reifenbreite zu erreichen, entwickelt er den „Lenkrollradius 0", was bedeutet, daß sich die Drehpunkte von Rad und Radaufhängung genau in einer Achse befinden. Dieses System („pivot dans l'axe") wird dann der Hauptgrund dafür sein, daß selbst bei Geschwindigkeiten von über 160 km/h ein geplatzter Vorderreifen dem Fahrer nur noch ein müdes Lächeln abbringen wird (vorausgesetzt natürlich, er hat einen intakten Reservereifen dabei…).

Der Chef der Karosserieabteilung ist Monsieur Franchiset, ein Veteran – er ist bereits seit 1922 bei Citroën. Seiner Geduld und Ruhe ist es zu verdanken, daß Lefebvres Ideen nach und nach Gestalt annehmen, denn besonders die Streitereien mit Jean Cadiou, dem Chef des Entwicklungsbüros, sind der Zusammenarbeit nicht gerade förderlich.

Von der Idee der einteiligen Bodenwanne ausgehend, bekommt der VGD zwei mächtige rechteckige Längsträger mit zwei breiten Querverbindungen. Die Verlängerungen der Längsträger dienen der Aufnahme von Motor und Fahrwerk; am hinteren Ende werden die achslosen Schwingarme für die Hinterräder montiert. Eine steife Fahrgastzelle, mit dem Bodenrahmen verschweißt, fungiert als selbsttragende Einheit; die Idee mit den abnehmbaren eigentlichen Karosserieteilen ist eine Revolution im Karosseriebau.

Kein Mittel ist Lefèbvre zu obskur, wenn es darum geht, das Gewicht des Prototyps zu reduzieren: Obwohl man von der Verwendung von Aluminium abgekommen ist, will er das Dach sowie Motorhaube und Kofferdeckel daraus herstellen, er verlangt rahmenlose Seitenfenster, eine Herabsetzung der Scheibenstärke auf 4 mm und läßt die Heckscheibe aus Plexiglas fertigen. Die filigranen Dachpfosten tragen seiner Forderung nach einem möglichst tiefen Schwerpunkt eindeutig Rechnung, die gleichzeitig angestrebte Rundumsicht mit einer ungeheuer stark gewölbten Frontscheibe sind weitere Bestandteile dieser eigenwilligen Konzeption.

Aber: April, April! Eine derart gewölbte Scheibe aus Sicherheitsglas vermag in dieser Zeit niemand herzustellen. Citroëns Hauslieferant St. Gobain streicht die Segel. Weiterhin muß man nach eingehenden Materialprüfungen feststellen, daß sich Plexiglas für die Heckscheibe nicht eignet, da das Material in kurzer Zeit trübe wird und leicht verkratzt. Die geringe Scheibenstärke von nur 4 mm wird tatsächlich verwirklicht – Jahre später erhöht man die Stärke der vorderen Seitenscheiben wieder auf 5 mm, da diese bei höheren Geschwindigkeiten zu flattern beginnen – ein Makel übrigens, der bis zuletzt nie ganz abgestellt werden wird, obwohl der Trick mit dem Andruck an eine vorstehende Gummidichtung beim Hochkurbeln anfangs gut funktioniert.

Und dann erst das Aluminium: Franchiset ist strikt dagegen, denn die Verarbeitung dieses Leichtmetalls ist nicht problemlos. Es läßt sich kaum ausbeulen und schweißen, ist aber auch nicht frei von Korrosion. Sowohl beim 2 CV-Prototyp aus Alu als auch beim Panhard Dyna waren Rißbildungen zu beobachten; zudem ist Aluminium nicht billig. Doch Lefèbvre kann es schließlich für die Motorhaube und den Kofferraumdeckel durchsetzen. Ein größeres Aluteil hat es übrigens im Automobilbau noch nie gegeben…

Schließlich gelingt es der belgischen Glasfabrik APAL, die Autoscheiben für Busse herstellt, die stark gewölbte Frontscheibe nach Citroëns Wünschen zu produzieren. St. Gobain wird es später auch schaffen – aber ganz im Vertrauen: die ungewöhnliche Befestigung dieser Scheiben mit Klammern, Leisten, Schrauben und Karosseriekitt hat seinen Grund nur in den enormen Toleranzen, die bei der komplizierten Fabrikation noch nicht vermieden werden können.

Kleine Anekdoten am Rande zu diesem Thema heben stets die Stimmung: Als Lefèbvre auf der ständigen Suche nach Gewichtseinsparung seine Mitarbeiter beauftragt, ein Lenkrad mit nur einer Speiche zu zimmern, halten die ihn für verrückt und fragen, ob sie nicht gleich ein Lenkrad ohne Speichen anfertigen

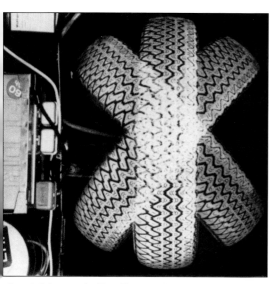

Hier wird der „Lenkroll-Radius 0" sichtbar: das Vorderrad dreht sich um eine Achse, die genau in der Mitte des Rades liegt. Im Gegensatz zu einer Lenkung mit Achsschenkelbolzen können hier beim einseitigen Kontakt mit Hindernissen oder bei Reifenschäden keine Hebelkräfte auftreten, die auf die Lenkung einwirken. Ein DS bleibt also unter allen Umständen spurtreu.

sollen... (Lefèbvres Reaktion soll der einer auf den Schwanz getretenen Katze nicht ganz unähnlich gewesen sein.)

Nachdem sich sämtliche Zulieferer für Lager und Zapfen außerstande sehen, die Bauteile für die vordere Radaufhängung herzustellen, machen es Bercots Leute selbst.

Die Weisheit, daß eine weiche Federung mit einer guten Straßenlage nicht zu vereinbaren sei, führen Paul Magès und sein Mitarbeiterstab ad absurdum. Mit der langjährigen Entricklung der Hydropneumatik wird ein völlig neues Federungssystem erfunden, welches gleichzeitig ungeahnte Bequemlichkeit und hervorragendes Fahrverhalten in sich vereinigt.

Das Zusammenstellen der einzelnen Bauteile, die Wahl der Materialien und die vielen Versuche haben beinahe acht Jahre gedauert. Die Verteilung der anfangs benutzten Bremsflüssigkeit und später der roten Hydraulikflüssigkeit über kleine Schieber sowie die Suche nach einer geeigneten Antriebsquelle stellten Magès und seine Mitarbeiter vor schier unlösbare Probleme. Die Michelin-Entwicklung einer neuartigen Gummimischung für die Trennmembranen in den Federkugeln und die Dichtungen an Leitungen und Aggregaten, die wagemutige Versuchsreise nach Lappland im Frühjahr 1949 mit einem 11 CV mit provisorisch montierter Hydraulik-Anlage sowie die Errichtung einer regelrechten Versuchsbank, auf der Flüssigkeit und Materialien fortlaufender Zerreißproben unterzogen wurden, mögen schließlich die wichtigsten Stationen auf dem langen Weg dieser Erfindung gewesen sein.

Mit Schläuchen, Kabeln, Gasflaschen und Meßinstrumenten vollgepfropfte Versuchsfahrzeuge, haarsträubende Ereignisse bei Probefahrten während der Entwicklung der Hochdruckbremse und ein Friedhof von geplatzten Leitungen und Dichtungen, der die Räume der Versuchsabteilung in eine einzige Öllache verwandelt, geraten zu Bestandteilen eines aufregenden Kaleidoskops, dessen Mittelpunkt der Autodidakt par excellence, Paul Magès, mit unglaublicher Geduld und Versuchsbereitschaft ausfüllt.

Sein Name muß daher in einem Atemzug mit Lefèbvre und Bertoni genannt werden, denn ohne ihn gäbe es keine Déesse.

20 Jahre seiner Zeit voraus: Radaufnahme, Achswelle und Scheibenbremse.

Der spätere DS-Prospekt dokumentiert eindrucksvoll den Aufbau des neuen Citroën. Die streife Fahrgastzelle bildet zusammen mit dem Bodenrahmen eine selbsttragende Einheit, die Karosserieteile werden nur eingehängt.

LA COTE COMPLÈTE DU MARCHÉ D'OCCASION

NOUVELLE 10 CV CITROËN

l'auto-journal

INDÉPENDANT et OBJECTIF

1er JUIN 1952 — Prix : 60 frs - Belgique 10 frs — 3e Année N° 55

BI-MENSUEL le 1er et le 15 de chaque mois

LE MOTEUR, LA SUSPENSION ET TOUS LES DÉTAILS PAGE 3

(Exclusivité L'AUTO-JOURNAL)

20 ANS APRÈS

LA voiture que l' « Auto-Journal » présente aujourd'hui en exclusivité mondiale et sous copyright est le prototype Citroën traction avant 10 CV, 6 cylindres à plat à refroidissement par eau, dont nous avons entretenu nos lecteurs.

Ce véhicule est identique à celui que nous avons pu photographier près de Draguignan, dissimulé sous un ingénieux camouflage, mais il a été doté d'un moteur à refroidissement par eau. Après avoir longtemps hésité entre les deux formules, il semble que le quai de Javel soit actuellement revenu à la solution classique. Les ingénieurs de chez Citroën auraient éprouvé, avec le premier prototype, des difficultés considérables touchant l'insonorisation et le refroidissement du groupe. Une récente — et très éprouvante — ascension du Mont-Ventoux paraît avoir contribué à faire écarter le moteur à air.

Est-il besoin de le préciser : la voiture que nous présentons aujourd'hui à nos lecteurs, nous l'avons eue sous les yeux et avons pu l'examiner attentivement alors qu'elle se trouvait immobilisée près de la Ferté-Vidame.

Nous ignorons si cette 10 CV sera présentée au prochain salon. Si elle l'était, il ne pourrait s'agir que d'un geste spectaculaire sans conséquences pratiques immédiates. La maison du quai de Javel, qui apporte encore des retouches de détail à sa 11 CV (voir la malle AR publiée dans notre dernier numéro) n'envisage pas, dans les mois qui viennent, d'abandonner la construction d'une voiture très au point et qui jouit encore, malgré son âge, de l'estime de la clientèle, pour commercialiser un modèle sur lequel les travaux se poursuivent et pour lequel l'outillage n'est pas en place. 20 ans sépareront-ils la 11 CV de la 10?

La 10 CV n'est donc pas pour demain : cette précision supplémentaire nous la devons à nos lecteurs. En même temps que les erreurs, nous tenons à leur éviter les désillusions. La confiance qu'ils nous témoignent nous interdit les unes et les autres.

La 10 CV dont nous révélons aujourd'hui les caractéristiques est naturellement le fruit de longues années de travaux. M. Boulanger, qui réservait toutes ses faveurs à la 2 CV, n'attachait pas, semble-t-il, un intérêt exceptionnel à une mise au point rapide de cette 10 CV. Il se montrait également assez réservé à l'égard de la nouvelle suspension oléo-pneumatique montée depuis quelque temps déjà sur des 11 expérimentales et dont la réalisation a été longue et coûteuse.

La 10 CV, 6 places, s'adressera au même public que la Vedette et la Frégate en offrant des solutions plus originales. Plus économique que la première, plus souple que que la seconde, plus rapide que l'une et l'autre, elle représente, dans la grande série cette 6 cylindres de classe dont l'absence se fait sentir dans la gamme de la production française.

On notera, en passant, que si la 10 CV offre peu de ressemblance avec les modèles existants, elle peut, sur quelques points, être rapprochée de la Grégoire : traction avant, moteur à plat, aérodynamisme très étudié. Elle offre, comme elle, plus de place à l'avant qu'à l'arrière. Les performances sont voisines : la vitesse maximum excède 140 km/h.

Signalons enfin que, si le moteur de la future Citroën est alimenté par un carburateur classique, le quai de Javel n'en poursuit pas moins l'étude, fort délicate, de l'injection.

(On trouvera en page 3 de nombreux détails sur la future Citroën.)

SOMMAIRE

3 TOUS LES DÉTAILS SUR LA 10 CV CITROEN.
4 TRIBUNE DE L'AUTOMOBILISTE.
5 ROSENGART FAIT SA RENTRÉE.
7 LE BANC D'ESSAI DE L'ÉQUIPEMENT.
8 9 LE BANC D'ESSAI DE L'AUSTIN A 40.
10 LA COTE DE L'OCCASION.
12 LES SPORTS.

TIRAGE DE CE NUMÉRO 330.000 EX.

Le moteur n'attend pas le nombre des années. On voit ici cette jeune et vaillante personne faire ses premières armes sur sa 1re D.B. Il n'y a plus de sexe faible

Nos lecteurs retrouveront ici une silhouette qui leur est connue : ligne très basse, empattement important, pare-brise fortement cintré et se prolongeant loin vers l'arrière caractérisaient déjà le prototype que nous avons surpris dans le Var. Le document ci-dessus fait apparaître les éléments essentiels de la future Citroën 10 CV, 6 cylindres, 4 vitesses, 6 places. Un caisson à auvent supporte l'ensemble de la carrosserie. Celle-ci, soigneusement profilée, fait apparaître, à l'arrière, un décrochement à peine sensible. La suspension est du type oléo-pneumatique. La disposition des freins AV (à disque ou à tambour, le choix n'est pas encore fait), à la sortie de la boîte, permet aux roues, allégées, de mieux épouser les revêtements. Une tenue de route exceptionnelle semble d'ailleurs devoir caractériser la future Citroën.

J'AI ESSAYÉ LA VOITURE FRANÇAISE A DEUX PÉDALES

(exclusivité L'AUTO-JOURNAL)

EN Amérique, 80 % des acheteurs de voitures exigent un des dispositifs, fluid-drive ou convertisseur de couple, qui résolvent pour eux le problème du passage des vitesses.

En France, ces solutions ne semblent exercer pour l'instant qu'un attrait relatif sur la moyenne des automobilistes (voir Referendum de la Voiture Idéale). Il est vrai qu'elles sont encore mal connues en Europe où il existe certainement une vaste clientèle prête à accueillir avec intérêt des perfectionnements réservés pour l'instant aux seules voitures américaines.

M. Weymann, président-directeur général de la S.O.C.E.M. (Cotal), a bien voulu nous accorder le privilège de procéder à l'essai d'une Ford Vedette équipée du nouveau dispositif « Electro-Fluid » qui permet de conduire avec un seul pied une voiture qui n'a que deux pédales : l'accélérateur et le frein.

L'Electro-Fluid comporte essentiellement une nouvelle boîte électromagnétique [illegible] équipement hydraulique.

Établie, sur le plan de la cinématique, d'après les brevets de Pol Ravigneaux, la boîte progement dite permet de sélectionner électriquement et sans aucun renvoi mécanique 4 vitesses avant, une marche arrière et un point mort. Les rapports sont les suivants : 1re : 0,33 ; 2e : 0,5 ; 3e : 0,74 ; 4e : 1.

L'accouplement hydraulique, de conception classique, doit résoudre deux problèmes essentiels : celui de l'étanchéité absolue et celui du refroidissement.

La conduite d'une voiture équipée de l'Electro-Fluid ne diffère de celle d'une voiture ordinaire que par l'absence de pédale d'embrayage, de levier de changement de vitesses, et par la présence sous le volant d'un petit commutateur électrique.

Lorsque le moteur tourne au ralenti, le véhicule n'est pas entraîné. Il suffit d'accélérer pour le mettre en route quelle que soit la vitesse choisie. Nous avons ainsi pu circuler dans les encombrements parisiens en restant en 3e. L'action sur la pédale permet une accélération aussi progressive qu'on le désire.

Sur route, le commutateur permet de choisir à tout moment le rapport convenable et autorise une conduite sportive ; l'embrayage fluide supprime tout à-coup lors des changements de rapport.

Une expérience qui confirme le rôle important de l'embrayage hydraulique consiste, une vitesse quelconque étant engagée, à accélérer en maintenant la voiture arrêtée par les freins. Le moteur tourne normalement sans donner des signes perceptibles de fatigue et sans vibrations. Il suffit de lâcher le frein pour que la voiture démarre.

Ce dispositif, actuellement prévu pour les Vedettes et les 4 CV, s'adaptera également aux autres modèles : son encombrement est sensiblement le même que celui de la classique boîte Cotal. Dès le mois de juillet, l'Electro-Fluid, dont le prix sera malheureusement élevé, dotera les voitures européennes d'un élément de confort qui était jusqu'ici l'apanage de la production américaine.

Pierre MARAIS

TROIS ANS TROIS MOIS

Au cours d'une réunion avec les négociants en occasion, l'Auto-Journal fait admettre le principe d'une garantie de 3 mois pour la voiture de moins de 3 ans

L'AUTO-JOURNAL ayant estimé de son devoir de prévenir les automobilistes de la baisse brutale et prochaine des véhicules d'occasion, cette prise de position a eu dans tout le pays un écho considérable et a provoqué de sérieux remous chez les négociants en voitures de seconde main.

Le président de l'A.N.S.C.A. (Association Nationale Syndicale des Commerçants en Automobile) s'étant plaint du préjudice que causaient nos articles à ses ressortissants, nous nous sommes concertés avec les représentants mandatés des professionnels.

Nous publions ci-dessous un compte rendu des débats qui furent parfois tumultueux, mais devaient toutefois aboutir à une solution constructive en un domaine qui intéresse directement l'usager.

UN COMMERÇANT. — Nous ne vous cachons pas que la campagne engagée par votre journal nous gêne considérablement. Nous en avons déjà durement senti les effets. Le thème de vos articles a été repris par de grands quotidiens. Tout cela a contribué à paralyser nos affaires.

L'A.-J. — Nous nous sommes bornés à enregistrer les faits, à en rechercher les causes, à en prévoir la conséquence inéluctable : l'écroulement des prix surfaits.

UN COMMERÇANT. — Il y a dans notre corporation suffisamment de gens avisés pour savoir si le prix des voitures d'occasion doit baisser ; nous n'avons pas besoin de votre journal pour nous l'apprendre.

L'A.-J. — L' « Auto-Journal » n'a pas la prétention de renseigner les professionnels de l'occasion sur leurs propres problèmes, mais d'informer des centaines de milliers d'automobilistes de l'état du marché. Permettez-nous, à ce sujet, de vous poser nettement une question : « Êtes-vous pour ou contre la baisse ? »

UN COMMERÇANT. — Nous sommes partisans de la baisse et les difficultés que nous rencontrons en raison des prix actuels, sont de nature à nous la faire souhaiter. Il n'en est pas moins vrai que votre prise de position nous gêne considérablement car elle survient précisément à une saison où s'opéraient, les années passées, un grand nombre de transactions.

L'A.-J. — Nous avons annoncé le grand revirement pour octobre. Agissant ainsi, nous rendions service aux vendeurs, que nous prévenions formellement en leur disant : « Baissez vos prix pour vendre maintenant, car vous ne vendrez plus au même cours après le Salon. » Les répercussions sur le marché ayant été immédiates, les intérêts particuliers ainsi lésés pouvant le regretter.

UN COMMERÇANT. — « L'Auto-Journal », défenseur de la baisse, n'est-il pas passé de 40 à 60 francs voici trois mois ?

L'A.-J. — Oui, en passant de 8 à 12 pages et après consultation des lecteurs.

UN COMMERÇANT. — Vous feriez mieux de paraître sur 4 pages et de ne plus parler de nous.

UN AUTRE COMMERÇANT. — Quel but exact avez-vous visé en publiant vos articles sur la baisse ? Pourquoi n'avez-vous pas consulté notre organisme professionnel avant de partir en guerre contre les négociants de voitures d'occasion alors que le titre même de votre périodique nous laissait supposer que vous figuriez parmi nos défenseurs ?

(Suite page 10)

On reconnaît sur notre photographie, de gauche à droite, des négociants en automobile : MM. Simon, Tartière, Tasch, Besnard, et les représentants de « l'Auto-Journal » : MM. J.-M. Bésnier, G. Guesthault, P. Hervant, P. Marais. De dos, et de droite à gauche : MM. Tétard, président de l'ANSCA, Caen, Finaux. Étaient également présents : MM. Ogier, Ducoutumany, de Charlon et Miard, du bureau de l'A.N.S.C.A.

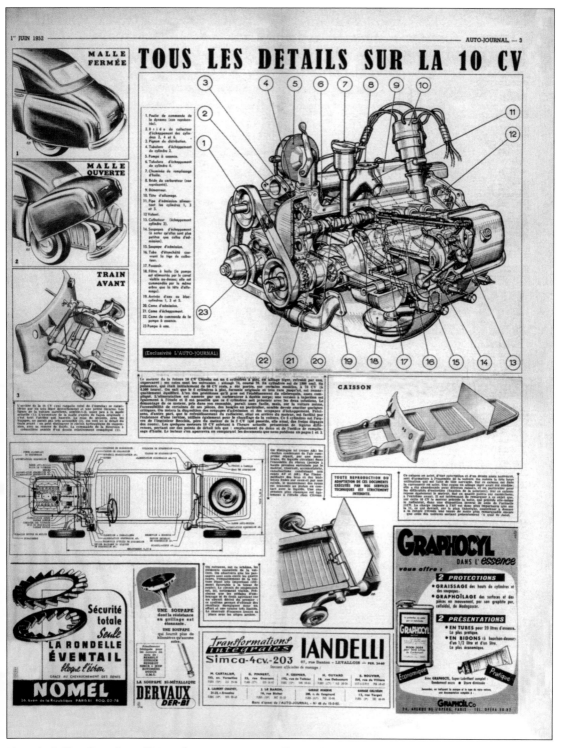

Die spektakuläre „l'auto-journal"-Ausgabe vom 1. Juni 1952. Alle Details des VGD werden eingehend dargestellt. Obwohl René Bellu die Zeichnungen nach vagen Beschreibungen vieler Citroën-Mitarbeiter erstellt hat, ist die Ähnlichkeit mit den tatsächlichen VGD-Prototypen im Sommer 1952 frappierend. Tatsächlich ist zu dieser Zeit der VGD noch mit dem Boxer motorisiert. (Original-Zeitung)

Die Bombe ist geplatz!

Schon schlimm genug: das erste Foto des getarnten VGD während einer Verfolgungsjagd in der Nähe von Draguignan, im März 1952. (Original-Zeitung)

Diese Fotografie des VGD, etwa 1951 von Lefèbvres Sohn heimlich aufgenommen, wird zum Unikat.

So stellt man sich beim „l'auto-Journal" am 1.Oktober 1952 den neuen großen Citroën vor, die spätere DS-Form ist unverkennbar. (Original-Zeitung)

Hier irrt Monsieur Bellu, so hat der VGD nie ausgesehen. Doch im Begleittext erwähnt man bereits die Schwierigkeiten mit der Motorisierung; der Einbau des 11 CV-Motors wird nicht mehr ausgeschlossen… (Original-Zeitung)

Am 1. Juni 1952 reißen sich Millionen autobegeisterter Franzosen um das „L'Auto-Journal". Von René Bellu gezeichnet, entspricht das dort abgebildete Fahrzeug ziemlich genau den VGD-Prototypen. Bereits in der April-Ausgabe stand etwas Spektakuläres dort zu lesen: Durch einen Tip aus der Nachbarschaft informiert, lauerten die Reporter in der Gegend um Draguignan in der Provence, wo die Lefèbvres einen Landsitz haben, einem mit Sperrholz und Planen getarnten zukünftigen DS auf, der mit Hydraulikschaden havarierte. Trotz perfekter Bewachung und in Begleitung eines Citroën-Transportfahrzeuges konnten die Journalisten ihre (allerdings unscharfen) Fotos schießen; die Handgemenge und Verfolgungsjagden während dieser Aktion könnten in einem Thriller von Verneuil nicht besser dargestellt werden.

Die Autowelt ist in Aufruhr. Die Existenz eines neuen großen Citroën schlägt wie eine Bombe inmitten derer ein, die den offiziellen Dementis stets Glauben geschenkt haben, denn die Menschen sind regelrecht autohungrig; der Krieg ist keine sieben Jahre her, und viel Neues hat es seither nicht gegeben – die Autozeitungen sind noch dünn. Jetzt muß Citroën um die Verkaufszahlen seiner bewährten, aber mittlerweile formal altmodischen Tractions bangen…

Und nun dieses: Neben der schon ähnlichen Skizze des VGD zeigt man in allen Details den neuen 6-Zylinder-Boxermotor, die Hydraulik, das Einspeichen-Lenkrad und die komplett zu öffnende Heckpartie. Absolut sicher, einen Spion in der Entwicklungsabteilung zu haben, läßt Pierre Bercot die Angelegenheit von der Kripo untersuchen; Citroëns Anwälte erstatten Anzeige um Anzeige gegen das „L'Auto-Journal". Mißtrauen schleicht sich ein.

Doch die Existenz eines Verräters in den eigenen Reihen gerät zur Fiktion. Erst viel später wird man wissen, daß niemand der maßgeblich am Bau befindlichen Mitarbeiter sein Schweigen gebrochen hat. Wie ein Puzzle setzten die „L'Auto-Journal"-Leute, mit ihrem Zeichner René Bellu an der Feder, die Informationen aus den unteren Chargen zusammen. Die strikte Anweisung, niemals einen Prototypen zu fotografieren, hat so ihren Sinn verfehlt – die beiden Privatfotos von Bertoni und Lefebvres Sohn sind die einzigen Fotodokumente der VGD-Entwicklung.

Der im „L'Auto-Journal" gezeigte wassergekühlte 6-Zylinder-Boxermotor allerdings macht Lefèbvre

Kopfzerbrechen. Nachdem er bereits eine von Becchia entworfene luftgekühlte Version verworfen hat, ist er mit den Leistungen dieses Motors ebenfalls nicht zufrieden. Ein parallel entwickelter 8-Zylinder-Boxer geriet zu schwer und zu teuer für diese Wagenklasse. Mittlerweile ist das Jahr 1953 angebrochen, und die Versuche Becchias, den kopflastig eingebauten Boxermotor während der zigtausend Versuchskilometer in einem amerikanischen kleinen Kaiser „Henry J." zu einer effektiven Leistungssteigerung zu verhelfen, scheitern. Im übrigen erweist sich der weit nach vorn verlegte Schwerpunkt beim völlig anders konzipierten VGD als äußerst gefährlich. Lefèbvre ist ungehalten, denn die Entwicklung des Boxers hat viel Zeit und Geld gekostet.

Bereits seit einem Jahr hat Becchia auch einen 4-Zylinder-Reihenmotor parat, mit zwei obenliegenden Nockenwellen, drei Ventilen pro Zylinder und Doppelzündung. Davon jedoch wollte Lefèbvre nichts wissen, denn dann stünde die ultraflache Motorhaube des VGD auf dem Spiel. Als schließlich feststeht, daß der Boxermotor seine Erwartungen nicht erfüllt, ist es für die Weiterentwicklung von Becchias hochmodernem Vierzylinder zu spät.

Die Alternative bietet dann der alte 11 CV-Motor; sein Konstrukteur Sainturat wird mit der Konstruktion eines neuen Zylinderkopfes beauftragt. Diese Lösung ist vor allem Antoine Brueder sehr angenehm, könnte man doch die vorhandenen Produktionsanlagen für die 4-Zylinder-Motoren weiterbenutzen. Bercot und Lefèbvre laufen Sturm dagegen. Die ganze Konzeption des VGD wäre dahin, denn die Bauhöhe übersteigt die des Boxers bei weitem.

So entsteht die Idee, den Reihen-Vierzylinder weit hinten einzubauen. Die elegante, inzwischen wesentlich gestrecktere Form des VGD kann nahezu unverändert beibehalten werden. Nachteil: Es verbleibt eine große Ausbuchtung im Innenraum – der dritte Sitz vorne ist damit gestorben. Die ersten Fahrversuche mit dem nun 11 D genannten Motor sind jedoch ebenso enttäuschend. Was nun?

Schon 1936 hatte Becchia, damals noch Chefkonstrukteur in der Motorenabteilung der großen Firma Talbot, für den Logo Special einen hinreißenden Motor entwickelt, der die Basis für nahezu alle sportlichen Reihenmotoren der nächsten 40 Jahre liefern sollte. Des Pudels Kern ist ein Leichtmetall-Querstromzylinderkopf mit halbkugelförmigen Verbrennungsräumen und einer damals patentierten Anordnung von Stößelstangen, Kipphebeln und den in einem Winkel von 75 Grad zueinander hängenden Ventilen mit der Zündkerze in der Mitte.

Einen derart aufgebauten Zylinderkopf setzt Becchia auf den modifizierten 11 CV-Motor. Jetzt ist auch Lefèbvre zufrieden, obwohl die Tatsache, daß die letzte Zündkerze nur durch ein Loch im Abschlußblech unter der Windschutzscheibe zu erreichen ist, eher den Charakter einer Notlösung hat.

Der luftgekühlte 6-Zylinder-Boxer-Motor kam über das Versuchs-Stadium nicht hinaus.

Becchias wassergekühlter 1,8-Liter-6-Zylinder-Boxer erweist sich als Flop – zuwenig Leistung und zuviel Gewicht vor der Vorderachse.

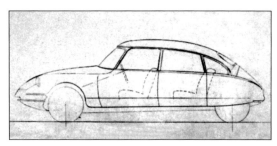

So hätte er aussehen sollen, der neue DS. Die Zeichnung stammt aus dem Frühjahr 1955.

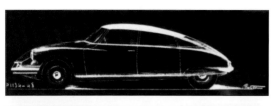

1954 ist der VGD so gut wie fertig; das Fließheck ist keine Frage.

Die Stoppuhr läuft

Die gläserne Kuppel des Grand Palais des Expositions, gleich um die Ecke der Champs Elysées, ist Wegweiser für all die, die in diesen Oktobertagen 1954 den Automobilsalon besichtigen wollen.

Ford-France, die bereits von Simca übernommen ist, zeigt ihre neuen Vedette-Modelle in amerikanischer Heckflossen-Manier, mit mächtigen Chromschnauzen und Panoramascheiben. Die Achtzylinder „Versailles", „Trianon" und „Régence", deren Form später als „Ariane" (mit dem kleinen Vierzylinder der „Aronde") bekannt werden wird, lösen die Buckel-Vedettes ab, die mit ihrer anfangs noch geteilten Scheibe wirklich aus den Vierzigern stammten.

Modisch, aber aerodynamisch katastrophal; repräsentativ, aber mit miserabler Straßenlage; nicht langsam, aber mit einem immensen Benzinkonsum gestraft – die Argumente Lefèbvres sprechen für sich. Trotzdem darf man nicht am Trend vorbei: der Buckel ist passé.

Bertoni, dessen runde, fließende Linien für den VGD in Übereinkunft mit Lefèbvre entstanden sind und genau so ein abgerundetes Heck vorsehen, sucht nach neuen Wegen.

Das Auslaufen der fließenden Dachlinie in die „Trompeten" genannten integrierten Blinkleuchten, die Panorama-Heckscheibe, der herumgezogene Kofferraumdeckel mit den typischen Scharnieren – all das ist Bertonis Phantasie zu verdanken, der in den Ostertagen 1955 Tag und Nacht arbeiten wird, um, einem Merlin gleich, aus der Karosse des letzten VGD-Prototypen die des fertigen Traction-Nachfolgers, des neuen, großen Citroën, zu gestalten. Es ist das, was diesem Auto fehlte – Bercot und Lefèbvre sind begeistert und bald auch die halbe Welt.

Noch aber steht der VGD auf dem Prüfstand, die Sorgen um die einwandfreie Funktion der hydraulischen Kupplung geben sich die Hand mit Karosseriefertigungsproblemen. So ist auf dem Salon von 1954 bei Citroën nur der neue 15-H zu sehen, der 6-Zylinder-Traction in bekannt klassischer Linie – neben den neuen Vedettes beinahe prähistorisch anmutend –, den man nun mit einer hydropneumatisch gefederten Hinterachse versehen hat. Die Vorstellung dieses Autos erfolgte bereits im April dieses Jahres, als man die Presse eingeladen hatte, um seit 1938 das erste Mal etwas Neues zu präsentieren. Seit den einzigartigen Tractions und dem unkonventionellen 2 CV weiß die Fachwelt, was von der zweifellos kreativsten Automobilfabrik zu erwarten ist.

Citroën gibt den Ton an, stets den andern gegenüber ein paar Nasenlängen vorn; in die Automobilsprache übersetzt: 20 Jahre seiner Zeit voraus.

Für die Fertigung der Hydraulikteile wird in Asnières, einem Vorort von Paris, eine eigene Fabrik gebaut, riesige Klimaanlagen müssen dort für gleichbleibende Luftfeuchtigkeit sorgen; konstanter Luftdruck und absolute Staubfreiheit sind Vorgaben, die nötig sind, um die Präzisionsteile fehlerfrei zu fertigen. Man spricht schließlich von einem Toleranzwert von 5/10 bis 7/10 Mikron – ein Mikron ist ein tausendstel Millimeter!

Die spektakulären Presseberichte sowie die rasant wechselnde Automode treiben zur Eile. Generaldirektor Puiseux verlangt die Vorstellung des neuen Citroën zum Pariser Salon im Oktober 1955. Der 12. Januar dieses Jahres ist der Stichtag: Bercot gibt die Entscheidung an die Mitarbeiter der Entwicklungsabteilung weiter. Auwei! Es mag in der Tradition dieser Automarke liegen, daß aufgrund unglücklicher Umstände ein wegweisendes neues Modell viel zu früh und daher unausgereift auf den Markt gerät. Die Entwicklungsabteilung ist völlig aus dem Häuschen. Die Suche nach unkonventionellen Löungen und der Einsatz neuartiger Techniken und Materialien mußten in langwierigen Versuchen erarbeitet werden. Bei kaum einem Detail konnte man auf irgendetwas Vorhandenes zurückgreifen. Das ehrgeizige Projekt, ein bis dahin einmalig fortschrittliches Auto zu konstruieren, fordert seinen Tribut. Es fehlt an der Vervollkommnung noch genau ein Jahr.

Daher wird die Entwicklung einiger bahnbrechender Innovationen, die teilweise schon Serienreife erlangt haben, jäh gestoppt: keine mitlenkenden(!) ovalen Scheinwerfer, keine hydraulisch betätigten, am Fahrzeug installierten Wagenheber, lediglich zwei vordere Scheibenbremsen statt derer vier, vor allem aber auch keine Anti-Blockier-Automatik und kein „System anti-gîte".

Die „automatique anti-bloquage des rous au freinage" ist ein Anti-Blockier-Schutz, ähnlich dem viel späteren ABS, das sich seit über einem Jahr erfolgreich in der Erprobung befindet.

Die Hydraulik des „Professors" Paul Magès macht es möglich: ein Fühler überwacht während des Bremsvorgangs das rechte Hinterrad. Bei der Tendenz zum Blockieren wird ein Ventil geöffnet, so daß die Bremswirkung verringert wird.

Auch das „system anti-gîte", eine „aktive" Federung, die bei Kurvenfahrt das Neigen des Aufbaus zum äußeren Kurvenrand hin unterdrückt, harmoniert mit der Hydropneumatik vortrefflich. Ein ausgeklügeltes System läßt auf der Kurvenaußenseite jeweils soviel Druck aufbauen, daß das Querniveau des Fahrzeugs konstant bleibt. Allerdings setzt die Wirksamkeit dieser Anlage eine höllische Ansprechgenauigkeit voraus, man denke nur an die Probleme bei Slalomfahrt. Der dafür notwendige hohe Regelaufwand bedeutet immense Zusatzkosten.

Auch ist die Verwendung von Kunststoffen in diesen Zeiten nicht ohne Tücken. Lefebvre sieht darin allerdings eine Möglichkeit, Gewicht zu sparen. Bertonis hinreißend gezeichnetes flaches Armaturenbrett läßt sich allerdings kaum ohne Mängel produzieren, obendrein neigt es zum Verformen. Das geplante Glasfiberdach kann man so nicht lackieren – Lefèbvres Vorschlag, es roh zu lassen, wird schnell zurückgenommen, als man merkt, daß sich dieses nach einiger Zeit schmuddelig verfärbt; im übrigen hält daran kein angeklebter Himmel. So wird man es dann von innen mit grauem Schaumstoff besprühen und der Außenfläche eine gefärbte Kunstharzmischung beigeben.

Das größte Problem jedoch bereitet nach wie vor die hydraulische Anlage, die Probleme mit Kupplung und Schaltung sind einfach nicht in den Griff zu bekommen, Experimente mit verschiedenen Hydraulikflüssigkeiten können noch nicht befriedigen. Obendrein fehlt noch ein Name für das Auto. Die Prototypen sind seit Anbeginn der Versuche für den VGD werksintern D-1, D-2 etc. genannt worden – mehr aus Verlegenheit wird das fertige Auto daher mit D-S bezeichnet. Im selben Moment jedoch mag es gezündet haben: DS, ausgesprochen wie Déesse – die Göttin. Was für ein Name!

Was nun bleibt, ist die bange Frage: Wird man es bis zum Salon schaffen? Göttinnen scheinen sich irdischen Zeitplänen nicht zu unterwerfen…

Das fehlte noch – Bertonis grandiose Dachlinie, Ostern 1955 kreiert. Diese Zeichnung entsteht im September 1955!

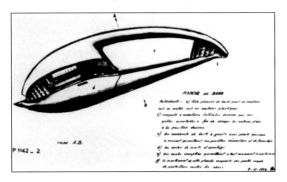

Datiert mit November 1954: das futuristische Armaturenbrett. Bertoni entwirft nicht nur die Form, sondern erklärt auch präzise alle Funktionen. „Alternativ könnte es auch aus Metall gefertigt werden", räumt er ein. In diesen Zeiten steckt die Kunststoffverarbeitung noch in den Kinderschuhen

Es ist Bertoni selbst, der am 6. September 1955 die Fotomontage des vermeintlichen neuen Citroën in der „La Presse"-Ausgabe erbost durchstreicht. Ein Grinsen läßt sich nicht verkneifen … ein einmaliges Dokument!

Einen Monat vor Eröffnung des Pariser Salons sind nahezu alle Einzelheiten des neuen Citroën bekannt. Doch René Bellus Zeichnungen dokumentieren die Ratlosigkeit, Bertonis einmalig elegante Linie nachzuempfinden. Man spricht von zwei Modellen (D und DS = Sport) und leugnet noch die Verwendung von Kunststoffteilen. Im übrigen wird Bertoni mal wieder mit Bertone verwechselt ... aber das wird 30 Jahre später auch noch geschehen.

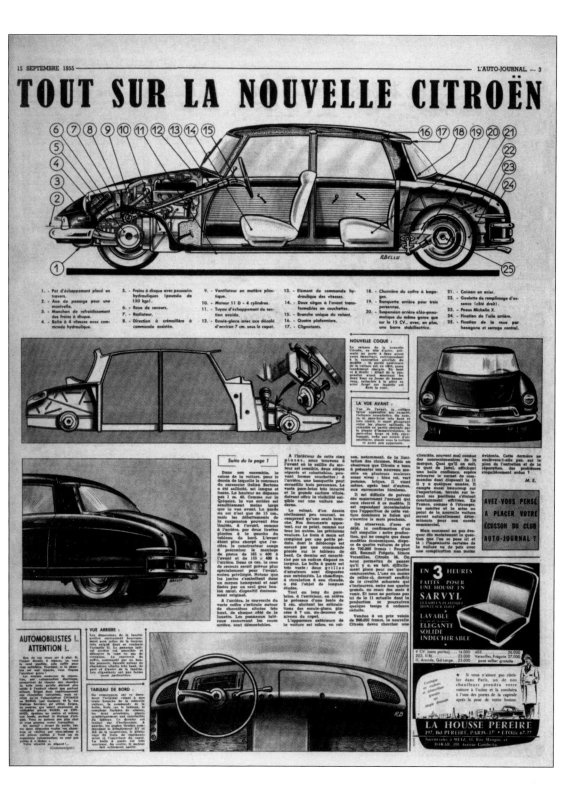

Trotz der Publikation bleiben den „L'auto-Journal"-Leuten Details wie das Einspeichen-Lenkrad und die Position des Reserverades suspekt; nur ungern möchte man Fehlinformationen auf den Leim gehen. Doch es stimmt alles! (Original-Zeitung)

Das Brot der frühen Jahre

1955 bis 1960

Italien hat in diesen Jahren einen neuen Star. Die Leinwandkönigin heißt Gina Lollobrigida und gilt als schönste Frau der Welt. Ein Sturm der Entrüstung packt daher die Italiener, als am Tag der Eröffnung des Pariser Salons 1955 im „Figaro" ihre „Lollo", ihre „Gina Nazionale" den neuen Citroën DS 19 vorstellt – ein französisches Auto! So läßt Berçot dann mal lieber von der Idee ab, der Dame den DS 19 No. 1 als Geschenk zu überreichen.

Um ein Haar wäre die ganze spektakuläre Aktion sowieso ins Wasser gefallen, denn an jenem 5. Oktober streiken die Arbeiter des „Paris-Match", und die sorgfältig vorbereitete Ausgabe kann nicht erscheinen. So wird in Sonderauflagen in letzter Minute der „Figaro" verteilt, der der gleichen Zeitungskette angehört.

Nun gibt es kein Halten mehr: An diesem ersten Tag müssen die Pforten des Grand Palais zeitweise geschlossen werden, weil der Ansturm zu gewaltig wird. Flics sichern das große Rondell, auf dem sich der DS 19 präsentiert, um zu verhindern, daß Besucher von den Menschenmassen erdrückt werden. Bereits nach 45 Minuten liegen 745 Bestellungen vor, am Abend werden es schon 12.000 sein, und am Ende des Salons hat man sage und schreibe 80.000 DS verkauft!

Paul Magés erinnert sich an den Morgen dieses ersten Tages: „Hinter dem Fabriktor am Quai de Javel parkte auf einer Rampe ein DS mit laufendem Motor, mit vier Männern an Bord, die die Zeit nicht abwarten konnten. Endlich öffnete sich das Tor, und wir fuhren hinaus. Es war die erste Ausfahrt des DS auf öffentlichen Straßen, ein Augenblick, auf den wir alle so lange gewartet hatten. Im Wagen saßen die Herren Cadiou, Prud'homme, Lefébvre und ich. Lefébvre überließ mir das Steuer und sagte: Du hast es Dir verdient.

Die Reaktion der Menschen war unbeschreiblich. Sie sprangen auf die Straße, liefen neben uns her und klatschten in die Hände. Als wir auf die Champs Elysées einbogen, stoppten neben uns die Autos. Auf den

Dieses Foto kennt jeder Citroënist: der neue Citroën als Mittelpunkt des Pariser Salons im Oktober 1955.

So sollte das Titelbild des „Paris-Match" aussehen. Wegen des Streiks erscheint es einige Wochen später unverändert; die Sensation hat noch nicht von ihrer Wirkung verloren.

Lippen der Leute errieten wir die Worte: La Déesse! La Déesse!" Das Erscheinen des neuen Citroën löst schiere Begeisterung aus; vereinzelte Kritik an der futuristischen Form wird vom frenetischen Beifall übertönt. Die Nachfrage nach den aufsehenerregenden Details der Déesse führt zum Zusammenbruch des Telefonnetzes am Quai de Javel. Bertoni bricht in Tränen aus, und Pierre Berçot kann nach drei Tagen Händeschütteln keinen Bleistift mehr halten.

Die Revolution heißt DS 19

Die 4,8 Meter lange, glattflächige viertürige Limousine präsentiert sich, ganz dem Wunsche Lefébvres entsprechend, als Frontantriebskonstruktion, bei der die kleiner dimensionierten Hinterräder quasi nur noch zwangsläufig hinterherlaufen. Die flache, abgerundete Schnauze mit dem Lufteinlaß unter der Stoßstange, der völlig glatte Unterboden, die geschlossenen hinteren Kotflügel, 2,25 Quadratmeter Glas, die Räder mit einer einzigen Zentralschraube befestigt, das Reserverad vorn vor dem Kühler, ein halber Kubikmeter Kofferraum und nicht zuletzt die völlig neuartige Hydraulik – das alles macht den DS 19 zu einem Auto, das sich ganz und gar von allem unterscheidet, was bisher auf vier Rädern unsere Straßen befuhr.

Die konsequente Stromlinie auch an der Fahrzeugunterseite bewirkt einen Sog, der dem Auftrieb entgegenwirkt und so dem DS eine bessere Bodenhaftung beschert. Der mit einem Querstromkopf bestückte verbesserte 11 CV-Motor ist mit einem 4-Gang-Getriebe versehen, das über einen kleinen Hebel am Armaturenbrett mit nur einem Finger bedient werden kann – und ohne mit einem Pedal kuppeln zu müssen, denn das Kuppeln und Schalten übernimmt die neue allumfassende Hydraulik.

Eine durch Keilriemen angetriebene Hochdruckpumpe versorgt das gesamte System mit dem nötigen Druck, mit Hilfe dessen die Hydraulikflüssigkeit über den Druckregler mit angeschlossenem Druckspeicher an die Federzylinder an allen vier Rädern, an die Getriebeschaltung und Lenkung sowie an das Bremsven-

Die Göttinnen auf dem Pariser Salon – in wenigen Exemplaren handgefertigt und nicht ganz der Serie entsprechend.

Am Tag des Pariser Salons überrascht der „Figaro" die Öffentlichkeit mit dem ersten Foto des DS 19, präsentiert von Gina Lollobrigida.

Star-Fotograf Robert Doisneau portraitiert die Göttin wie kein zweiter; viele Jahre lang wird er dazu beitragen, die Faszination des DS in alle Welt zu tragen.

Allseits bekanntes Foto eines unglaublich schönen Armaturenbretts: Bertonis Traum in hellem Kunststoff. Unten in der Mitte die Uhr auf dem Aschenbecher ... pauvres fumeurs!

Die Göttin im Kinderwagen: so wird die halbfertig montierte Chassis-Einheit lackiert und ins Lager befördert.

Wer schaut schon mal unter sein Auto? Der DS 19 bietet einen völlig glatten Unterboden; selbst der Auspufftopf liegt tief eingebettet im Motorraum.

Aus gutem Grund sind die Abschleppösen anfänglich serienmäßig. Der interessante Blickwinkel läßt die noch verchromte Stoßstange und die derunterliegende Leiste erkennen. Die Schürze ist an den Seiten mit geriffeltem Alu-Blech kaschiert – aber nur bis 1957.

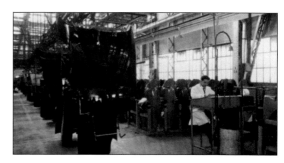

Auch eine Revolution in der Montage: die DS-Teile hängen wie beim Fleischer, nach Farben geordnet, von der Decke (jeweils Hauben und Türen), die Kotflügel warten auf der Holzbank, bis sie aufgerufen werden.

Hier wacht der Meister über Sitzgarnituren. Nicht groß, diese Wägelchen, aber sehr bequem...

DS 19 im Rampenlicht, eines der ersten Modelle noch mit Vorserien-Ausstattung

Keine Angst vor Superlation: hier wird das erste Mal ein fertiger DS fotografiert, ein handgefertigtes Einzelstück mit den sanft auslaufenden verchromten „Trompeten". (Wie viele andere in diesem Buch, ist dieses Foto noch niemals veröffentlicht worden.)

Gruppenfoto vor einer langen Reise – DS-Wartehalle im großen Citroën-Bahnsteig der Geschichte. Noch sind die Tractions mit von der Partie.

Werden sie ihre zukünftigen Besitzer beglücken oder zur Verzweiflung treiben? Am Anfang gibt es noch viele Probleme.

Göttinnen am Fließband. Doch Vorsicht, das Foto ist gestellt. Es wird noch etwas dauern, bis die Montagebänder eingerichtet sind.

Ja, da schauen die Holländer, als im Frühjahr 1956 der DS 19 in Amsterdam vorgestellt wird.

til verteilt wird. Als geradezu unglaublich erscheint die Fähigkeit der Déesse, notfalls auch nur auf drei Rädern fahren zu können. Die Möglichkeit, die Bodenfreiheit auch von Hand einzustellen, und eine Unterstellstütze zum Radwechsel zu benutzen, kommt erst einige Monate später.

Atemberaubend und ungewöhnlich wie das ganze Auto erscheinen auch die verschiedenen Details, allen voran das filigrane, mit weißem Millimeterkabel umwickelte Einspeichen-Sicherheitslenkrad, das neben dem Vorteil des geringen Gewichts auch ungehinderte Sicht auf die Instrumente, vor allem aber eine bis dahin nie gekannte Aufprall-Sicherheit bietet. Von letzterem kann sich jeder Kunde sofort überzeugen, dann nämlich, wenn er, der Erfahrung verhaftet, auf der verzweifelten Suche nach dem vertrauten Bremspedal, energisch auf den kleinen Bremsknopf tritt. nicht selten landet dabei der Kopf des Beifahrers an der Windschutzscheibe.

Man merkt: Die Bedienung, vor allem das Schalten und Bremsen, ist gewöhnungsbedürftig, aber durchdacht und daher in seiner Einfachheit frappierend. Der bis dahin normale Weg eines Bremspedals wird durch das kurze Antippen des Bremsknopfes um ein Vielfaches verkürzt; im übrigen kann so der Fuß vom Gaspedal in einer einzigen Bewegung auf die Bremse heruntergleiten; bereits nach wenigen Minuten ist man (zum Glück für die Verkäufer) mit der Dosierung vertraut.

Bei aller revolutionären Technik verzichtet man nicht auf bewährte manuelle Sicherungen: falls die rote Kontrolleuchte einen Druckverlust der hydraulischen Anlage ankündigt, ermöglicht das Ziehen des kleinen „Hilfskupplungshebels" das zaghafte Weiterfahren in nur einem Gang bis zur nächsten Werkstatt. Ein Notspeicher erlaubt noch eine Zeitlang vorsichtiges Bremsen. Da die Handbremse in Wirklichkeit eine Fußbremse ist (die in der Regel zum Feststellen des Wagens benötigt wird), läßt sich auch damit einigermaßen zurechtkommen. Sieht man sich bei Versagen des Wischermotors peitschenden Regenmassen auf der Scheibe ausgesetzt, genügt der rettende Griff unter das Armaturenbrett, wo ein manuell zu bedienender Hebel den Scheibenwischer auf der Fahrerseite in Bewegung setzt. Daß zusammen mit der Hilfskupplung und einer stets im Wagenbug lauernden Andrehkurbel der Motor gestartet werden kann, entspringt der Tradition des Hauses, und auch das Vorhandensein

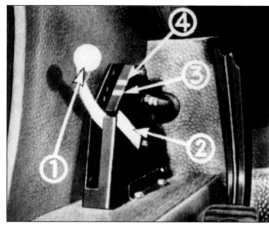

Die Präsentation des DS gerät genauso ungewöhnlich wie das Auto selbst. Für das berühmte Prospektfoto, das wie kein anderes die Harmonie mit den Elementen vermittelt, muß ein präparierter DS baden gehen. Was später einer Fotomontage ähnelt, ist in Wirklichkeit das Ergebnis harter Knochenarbeit.

Erst Anfang 1956, nach weiteren Versuchsfahrten im Winter, hält Paul Magés den Einbau einer manuellen Höhenverstellung für sinnvoll. Auch die Idee, den Radwechsel mit Hilfe der Hydraulik zu erleichtern, kommt erst in jenen Tagen. Der Hebel (1) befindet sich im Normalbetrieb in Position (2); durch Verstellen in die Positionen (3) und (4) gewinnt das Fahrzeug an Bodenfreiheit. Die höchste Position (4) ist für den Radwechsel gedacht. Sodann ist eine mitgelieferte Stütze an dem dafür vorgesehenen Punkt zu befestigen, die die betreffende Fahrzeugseite in dieser Position fixiert, während Radaufhängung und Räder (nach Umlegen des Hebels auf die tiefste Position) wie von Geisterhand vom Boden abheben. Um ein Hinterrad zu wechseln, muß der Kotflügel abgeschraubt werden – dank einer einzigen Schraube nicht mehr Arbeit als das Demontieren einer Radkappe. Das Rad selbst ist mit einer einzigen Zentralschraube befestigt.

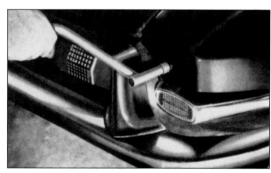

Citroën DS **33**

einer Abschleppöse unter der vorderen Stoßstange zeugt nicht gerade von werkseigener Arroganz.

Erstmals im Automobilbau hat man überzeugende Lösungen der passiven Sicherheit geboten. Es gibt keine Ecken und Kanten; sämtliche Schalter und Hebel sind versenkt angeordnet. Vorsitzende Raucher werden verzweifeln, wissen sie nicht um den Platz des Aschenbechers, denn sie müßten die Zeituhr herausziehen, um an ihn zu gelangen. Diese wölbt sich elegant inmitten einer Spalte neben anderen Bedienungsknöpfen, tief eingebettet im grauen Plastik des futuristischen Armaturenbretts – skurrile Architektur in hellen Farben, flach, glatt und weitflächig. So etwas wird es nie wieder geben. Zu der gleichermaßen beeindruckenden Innenbeleuchtung passen Nachtstrümpfe und ein schwarzer Unterrock. Es könnte die Tischbeleuchtung sein in einer Nachtbar am Montparnasse. Oder wo sonst könnten die kompletten Türpfosten, langsam ins indirekte Licht auslaufend, hinter mattkristallenem Glasstreifen milchig aufleuchten? Oder die kleinen, fast unsichtbaren Ecken im Dachhimmel, die wie schmale Augenschlitze einer Mosaikfigur blitzen…

Der lange Radstand von 3,125 Metern begünstigt nicht nur den tiefen Schwerpunkt, vielmehr gerät der Innenraum zum gräumigen und weich ausgepolsterten Séparée. Neue Materialien auch hier: Schaumstoff für die Sitze, Nylon und Helanca für die Bezüge und Dunlopillo-Schaumstoff für die Teppichunterseiten schaffen zusammen mit der immensen Beinfreiheit und der hydropneumatischen Federung eine noch nie dagewesene Bequemlichkeit. Selbst 25 Jahre nach Produktionsende des DS wird kein neues Auto über einen auch nur annähernd phantastischen Komfort verfügen.

Die Karosseriebauweise mit einer selbsttragenden Chassis-Einheit und leicht auswechselbaren äußeren Karosserieteilen ergibt gleichwohl neue Wege in der Fertigung. Die Kotflügel werden, nachdem sie auf ihre Halter gesteckt sind, mit je zwei Schrauben (vorn) bzw. einer (hinten) befestigt; auch die Türen sind jeweils nur mit zwei schraubbaren Zapfen fixiert. Die mit solch groben Passungen zusammengesetzten Karosserieteile lassen fabrikationsbedingte Ungenauigkeiten ohne teure Blech- und Lackierarbeiten ausgleichen, ein späteres Auswechseln ist ein Kinderspiel und senkt drastisch die Instandsetzungskosten. Da haben wir es: die Kunst der Fuge.

Ein weiterer Vorteil: Die einheitlich schwarz lackierten Chassis-Einheiten können ohne Rücksicht auf Farbwünsche komplettiert werden; ein Griff in die Depots der bereits lackierten Türen, Hauben und Kotflügel, nach Farben geordnet, lassen kurzfristige Dispositionen zu und vermeiden lange Lieferzeiten und Lagerphasen. Die Lackierungen selbst entsprechen dem einzigartigen Design des DS: Kräftige bunte Farben wie Orange oder Grasgrün, aber auch sanfte Pastelltöne wie Hellblau oder Champagner schmücken das Blechkleid.

Doch noch ist alles reine Planung, denn die Produktion der Göttinnen ist noch gar nicht angelaufen. Einige der Vorserien-Fahrzeuge sind in letzter Minute von Hand montiert worden. So gibt es zwischen diesen und den ersten serienmäßigen Modellen auch Differenzen: Die aus der Dachlinie auslaufenden sogenannten Trompeten mit den hinteren Blinkern darin müssen in der Serie zuerst aus durchsichtigem Kunststoff gefertigt werden, weil es offenbar Probleme mit den Chromteilen gibt. Darum findet man diese auslaufend und verchromt nur bei den Prototypen. Als nach ein paar Monaten die Produktion dieser Teile in Edelstahl möglich ist, bietet man bis 1959 beide Versionen an. Erst ab dieser Zeit wird Edelstahl langsam auch die klassisch verchromten Blech-Dachleisten und -Stoßstangen ablösen. Auch wird das Armaturenbrett in der Serie mit einer dunkelbraunen Kunststoffeinfassung zur Scheibe hin versehen, statt der einer hellgrauen, wie es auf den ersten Werksfotos zu sehen ist.

Im Oktober 1955 erreicht man am Quai de Javel gerade die aufregende Stückzahl von sieben Exemplaren, im November wird gar nur ein einziges fertiggestellt, im Dezember 1961, aber im Januar 1956 schon 229, im Februar 368 und im März 548.

Der Schlüssel zum Erfolg. Der ID ist die Idee!

Wer spielt nicht gern im Sand? Mit der hydropneumatischen Federung des ID 19 kein Problem.

Göttin ohne Zauberstab: ID 19

Wie befürchtet, zeigen sich in den ersten Monaten an den noch längst nicht ausgereiften Autos katastrophale Mängel; zudem sind die Werkstätten mit der Reparatur des DS total überfordert, es gibt noch keinerlei Reparatur-Handbücher oder sonstige technische Erklärungen. Der Sprung vom Traction zum DS war zu groß. Bercot gibt Anweisung, mit Kulanz und allen erdenklichen Zugeständnissen den Schaden so gering wie möglich zu halten. Vor allem mit der hydraulischen Anlage gibt es weiterhin Probleme, und es wird noch lange Zeit dauern, bis diese Kinderkrankheiten vergangen sind. Erst die Benutzung der roten Hydraulikflüssigkeit im Laufe des Jahres 1956 wird den ständigen Pannen ein Ende bereiten.

Nicht nur deshalb reifen am Quai die Pläne zur Produktion eines vereinfachten DS, der im übrigen den bewährten 11 CV ablösen soll. Schon zwölf Monate später wird diese Idee an gleicher Stelle präsentiert – und auch genauso benannt (Idée = ID), nämlich ID 19.

Mit gleicher Form wie der DS 19, jedoch ohne dessen komplizierte Hydraulik, machen die beiden vorgestellten Modelle ihren Vorgängern, den Tractions, alle Ehre. Als Standardmodell fungiert der ID 19 Normale mit dem Griff in die Citroën-Mottenkiste, denn diese Zusatzbezeichnung deutet auf gewisse langjährige Eigenschaften seiner Vorgänger hin: es gibt ihn nur in Schwarz. Lampenzierringe und Frontschürze sind ebenfalls lackiert, Radkappen werden durch kleine Stöpsel in der Zentralschraube ersetzt, das Glasfiberdach ist nicht eingefärbt und gibt den Blick auf die spanähnliche, gelbliche Maserung frei. Die hinteren Seitenscheiben sind fest installiert (!), und statt der verstellbaren Einzelsitze finden drei Passagiere vorne auf einer Sitzbank Platz.

Lefébvres ursprüngliches Ansinnen, die Heckscheibe aus Plexiglas herzustellen, kann nun Dank weiterentwickelter Kunststoffe realisiert werden.

Gegenüber dem DS brummt im ID Normale der unveränderte 11 D-Motor, der zudem wie beim Traction mit einem Anlasserzug gestartet wird. das Reserverad liegt im Kofferraum, dessen Klappe statt mit Federn durch einen einzuhakenden Befestigungsstab hochgehalten wird. Zwar mit der hydropneumatischen Federung, aber mit einem normal zu schaltenden 4-Gang-Getriebe versehen, dessen Einscheiben-

An den lackierten Lampenringen sollst du ihn erkennen... ID 19 luxe, 1958.

Genauso problemlos wie ein Traction – doch ein ID-Taxi ist in Paris nach wie vor ungewöhnlich. Das erste wird Ende 1957 zugelassen. Jahre später posiert der Besitzer noch einmal vor der Kamera.

Ein gewöhnlicher Schalthebel und ein Lenkrad mit vergrößertem Durchmesser kennzeichnen das Armaturenbrett des ID 19. Beim Modell Normale sind die Blechflächen schwarz lackiert, beim luxe hellgrau. Erst 1959 wird der graue Schrumpflack mit Einsatz kommen, eine Uhr gibt es nur beim ID Confort.

kupplung gleichfalls mechanisch wirkt, ist der ID Normale mit einem ebenso normalen Bremssystem ausgestattet; der Hinweis auf das normale Bremspedal erübrigt sich. Das größer dimensionierte Lenkrad wirkt auf die nicht hydraulisch unterstützte Zahnstangenlenkung, und das schwarz lackierte Blech-Armaturenbrett entbehrt jeder Originalität.

Gar so spartanisch geht es im ID luxe nicht zu, der im Gegensatz zum Standardmodell auch in Türkis und Dunkelbraun erscheint. Die Ausstattung umfaßt zwei getrennte Vordersitze und Kurbelfenster hinten, von allem aber gelangt hier ein vom DS 19 abgeleiteter moderner Motor mit dem Querstromkopf zum Einbau, der statt 75 PS (DS) und 63 PS (ID Normale) immerhin 66 PS leistet, und hier findet der Kunde auch einen elektrischen Anlasser sowie sein Reserverad vorn unter der Motorhaube. Das Armaturenbrett ist in hellgrauem Lack gehalten.

Erst einige Monate später, nämlich ab März 1957, kann mit der ID-Produktion begonnen werden; im Sommer gesellt sich noch ein luxuriöser ID dazu, der ID 19 Confort nämlich, dessen Interieur dem des DS 19 entspricht.

Der ID wird das werden, was man von ihm erwartet. sein Ruf profitiert von der Nähe zum DS, seine Gebrauchsfähigkeit übertrifft die des Tractions bei weitem. 1958 kostet ein ID luxe 925.000 France, die jährliche Produktion der ID- und DS-Modelle hat die 50.000-Grenze überschritten.

Statt zwei Federn hält eine Stange die Kofferraumklappe beim ID. Im Gegensatz zum DS bildet Aluminium den Werkstoff für Stoßstangen und Leisten; eine höllische Putzerei ... bei diesem Auto handelt es sich um ein Vorserien-Modell: das Armaturenbrett ist noch nicht vorhanden. Die Rückstrahler entsprechen der ersten Serie.

Der alte 11 CV-Block läßt grüßen: ID 19-Antriebseinheit.

Ein Blick in den Motorraum des ID 19 luxe: vom DS abgeleiteter Querstromzylinderkopf mit 66 PS und dem verräterischen Schauglas für die Bremsflüssigkeit, denn die ID-Reihe bremst mit einer herkömmlichen hydraulischen Bremsanlage.

Ende 1957 erscheint der luxuriösere ID Confort mit kleinen Radkappen und verchromten Lampenzierringen. Für ein Jahr bekommen die Rückstrahler eine andere Form

Wer möchte nicht der Dame gern ein paar Liter spendieren? Na denn, gute Fahrt!

Der Herr muß schon früh ausfahren, denn sehr schnell ist er nicht, der ID 19 Normal mit durchgehender Sitzbank und spartanischer Ausstattung. Der unveränderte 11 D-Motor vom Traction tut hier seine Arbeit.

ID 19, Jahrgang 1963, es hat sich einiges getan: Seit August 1959 haben die ID- und DS-Modelle verlängerte hintere Kotflügel mit eingearbeiteten Rückstrahlern, seit Ende 1960 faßt der Zeigefinger beim Öffnen des Kofferdeckels unter einen Griff und seit Ende 1961 ist Schluß mit der Alu-Putzerei: Die Edelstahl-Stoßstangen sind immer blank. Die Gummipuffer schützen sie dann ab Herbst 1962.

Citroën-Verkaufsraum auf der Champs-Elysée 1957; noch ist ein Traction dabei. Wegen des Staatsbesuchs von Königin Elisabeth hängt auch der Unionjack an der Wand.

Links: Seit dem August 1960 glitzert das nun einheitliche Schrumpflack-Armaturenbrett des ID mit goldenen Knöpfen auf der vereinfachten, gestreiften Edelstahl-Leiste. Die Uhr im Kombi-Instrument signalisiert den Typ: ID Confort.

So geht das nun mal: trotz eines Spaliers von 14 schwarzen DS 19 bevorzugt die Königin ihren Rolls.

Zar und Zimmermann: der Citroën Break

Die Triennale von Mailand gilt als wichtigste Weltausstellung von industrieller Architektur und Ästhetik. Im November 1957 wird eine Auswahl der interessantesten Industrieprodukte im Palazzo dell'Arte ausgestellt, allen voran ein DS 19 in Originalgröße, als Skulptur modifiziert, inmitten vieler Detailzeichnungen der stylistischen Entwicklung. Als der DS 19 bei diesem Wettbewerb den 1. Preis erhält, ist die gesamte Weltpresse zugegen, denn noch niemals wurde eine solche Auszeichnung einem Automobil zuerkannt.

Währenddessen reifen in Paris weitere Pläne. Dank der hydropneumatischen Federung bleibt das Niveau der ID und DS auch bei hoher Zuladung stets gleich. So bietet sich dieses System für einen Kombiwagen geradezu an. Schon 1955 hat Flaminio Bertoni in seinem Atelier die ersten Zeichnungen eines DS Familiale fertiggestellt. Besonders auffällig erscheint die weit herumgezogene Heckscheibe. Das ist mehr als ein stylistischer Gag, denn so kann der Anschlag der oberen Heckklappe weiter nach hinten verlegt werden, so daß diese im geöffneten Zustand nicht über die Wagenlänge herausragt. Das ist besonders dann von Nutzen, wenn die Klappe aus Transportgründen nicht geschlossen werden kann. Zu diesem Zweck läßt sie sich in zwei Positionen arretieren. Ein beherztes Schließen, ohne die Arretierung durch einen Knopfdruck zu lösen, birgt jedoch das Risiko des Verbiegens der Klappe mit möglichem Ausbrechen der Heckscheibe, da die dünnen Stege Stabilität vermissen lassen. Ganz im Gegensatz zu der Konstruktion der unteren Klappe, die mit kräftigen Scharnieren befestigt ist und als Laderampe benutzt werden kann. Zuladungen von bis zu 650 kg werden in dieser Wagenklasse einmalig sein; die zusätzliche Möglichkeit des hydraulischen Absenkens erleichtert das Einladen von besonders schweren und unhandlichen Lasten.

Monsieur Franchiset, der Chef der Karosserieabteilung und Verantwortlicher für die Fertigung, nimmt sich persönlich dieser Kombiwagen-Entwicklung an. Um eine hohe Zuladung zu erreichen, mußte der Karosseriekörper an vielen Stellen verstärkt werden. So

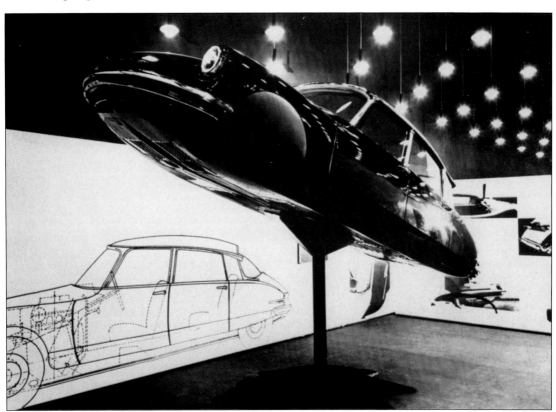

Die Göttin auf der Triennale in Mailand. Dieses Foto geht um die Welt!

Mal wieder mangelt es an Eleganz: die ersten Zeichnungen in der „Action Automobile" vom April 1958.

se vom Krankenbett aus. Von schwerer Krankheit gezeichnet und teilweise gelähmt, hat er am 25. Juli 1958 sein Büro bei Citroën verlassen müssen.

Im Oktober 1958, also drei Jahre nach Erscheinen des DS, sorgen die Kombi-Limousinen auf ID 19-Basis erneut für Aufsehen: als Break mit vorderer Sitzbank, einer hinteren zum Umklappen und zwei gegenüberliegenden Sitzen im Heckabteil, als Commerciale ohne die beiden Hecksitze und als Familiale mit besserer Ausstattung, zwei vorderen Einzelsitzen, drei Klappsitzen dahinter und einer zwischen die hinteren Radkästen versetzten Rücksitzbank für zwei Personen.

Aus Fertigungsgründen entschließt sich Franchiset, die festen Karosserieteile (Chassis-Einheit, Dach und Heckklappe) stets in Hellgrau zu lackieren (gris rosé); lediglich Türen, Kotflügel und Motorhaube sind in der ausgesuchten Wagenfarbe erhältlich. An diesem Konzept wird bis zum Schluß festgehalten.

Mögen auch Änderungen an Ausstattung und Leistung sowie optische Retuschen den ID- und DS-Modellen im Laufe ihrer 20 Jahre ein wechselndes Bild verleihen – der der Einfachheit halber meist schlicht als Break bezeichnete große Citroën-Kombi wird zum

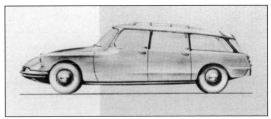

Bertonis Break-Entwurf kommt eher dem DS-Konzept nahe. Leider wird er nur auf den (mal wieder) viel zu spät gedruckten Prospektblättern realisiert. Franchiset setzt das gerade Dach durch.

entsteht eine eigenständige hintere Seitenpartie, die vom Dach bis auf die Innenkotflügel hinunterreicht und mit den Längsträgern verschweißt ist. Statt aus einer Kunststoffschale besteht das Dach selbst aus Blech und hat im Gegensatz zu den Limousinen eine tragende Funktion. Ein großer Dachgepäckträger bietet nicht nur praktischen Nutzen, sondern trägt in hohem Maße zur Steifigkeit des doch sehr lang geratenen Daches bei.

Während Bertoni die Dachlinie der DS-Limousine in etwa beibehalten möchte, plädiert Franchiset für ein weniger abfallendes Dach, um einen größeren Stauraum zu erhalten. Man übernimmt zwar die hinteren Seitentüren des DS, versieht sie aber mit höheren Scheiben. Durch die Verlängerung des Aufbaus geraten die neuen Kombi-Limousinen 19 cm länger. Die Rückleuchten wandern in die langen hinteren Kotflügel, die Befestigungsschraube ist unter dem in der Leuchteneinheit untergebrachten Rückstrahler versteckt. Der Abbau der Kotflügel beim Radwechsel entfällt, gibt es doch große Radausschnitte. André Lefébvre verfolgt die Weiterentwicklungen seiner Déés-

Familiale, Break und Commerciale heißen die drei Ausstattungsvarianten. Hier ein Blick in den Commerciale bei umgeklappter Rücksitzbank.

Das erste Werksfoto des Break zeigt einen Prototypen. Radausschnitt, hintere Leisten, Leuchteneinheiten, Halter für den Gummipuffer und Lackierung werden in der Serie geändert.

zuverlässigen und robusten Lastesel für die unterschiedlichste Klientel. Mit ihm fahren Familien entspannt in den Urlaub, Handwerker und Kaufleute malträtieren gnadenlos seine Blechpritschen, jungen Paaren wird er zum Wochenendhaus, und Kranken und Verletzten bietet er ein schnelles und schonendes Transportmittel, denn die Ladefläche mißt maximal 2,11 Meter. Aus diesem Grunde eignet sich dieses Fahrzeug auch ohne größeren Umbau zum Transport derjenigen, die von der komfortablen Federung nichts mehr merken – mit Sonderlackierung in Schwarz begleiten die Break viele auf ihrem letzten Weg.

Lange bleibt so ein Commerciale nicht so sauber, denn die 2,11 m lange Ladefläche wird nicht geschont werden.

Drei Klappsitze machen den Familiale zum 8-Sitzer (Familiale Confort von 1961).

Zwei gegenüberliegende, versetzte Klappsitze im Fond kennzeichnen das Modell Break. Mehrere Jahre ist hier die Rücksitzbank nicht umklappbar (nur beim Commerciale). Die Sitze dieses einfachen Break luxe von 1961 sind mit Kunststoff bezogen. Rechts: In einem ID Ambulance liegt man niemals falsch – könnte man fast sagen (Modell 1966).

Die Rücksitzbank für zwei ist beim Familiale zugunsten der Klappsitze weit zurückgesetzt. Trotzdem bleibt dahinter noch genügend Stauraum (1958).

Dachgepäckträger und herumgezogenes Heckfenster verleihen dem ID Break unnachahmliche Konturen.

Prospektfoto eines ID 20 Break 1970. Eine größere Klappe hat niemand.

Zeit der Reife

1960 bis 1975

Einer der berühmtesten Citroën-Fahrer ist Frankreichs Staatschef General de Gaulle. Jahrelang hat er auf seinen schwarzen 15-Six geschworen, seit Erscheinen des DS 19 jedoch besteht der Fuhrpark des Elysée-Palastes nur noch aus schwarzen Déessen.

Seit 1958 steht de Gaulle an der Spitze des von Regierungskrisen zermürbten Frankreich. Die von ihm nun mitgestaltete sogenannte 5. Republik gibt dem Land erstmals seine Geschlossenheit und Stabilität zurück. Im gleichen Jahr erlebt Frankreich eine Währungsreform – der Francs wird 1:100 abgewertet.

Doch de Gaulles Position ist nicht unumstritten. Die einzige Möglichkeit zur Beilegung der Algerien-Krise sieht er in der Selbstbestimmung des Landes und schafft sich damit viele Feinde. Nach einem Militärputsch gegen die von den Franzosen eingesetzte Präfektur in Algier wird ein Attentat auf de Gaulle geplant.

Am 15. Oktober 1961 eröffnet ein Kommando von zwölf bewaffneten Männern auf der Straße nach Petit-Clamart das Feuer aus Maschinenpistolen auf den schwarzen DS des Generals! Von mehreren Kugeln getroffen und trotz zweier zerschossener Reifen gelingt de Gaulles Fahrer Marroux etwas, was sonst unmöglich wäre – nämlich Gas zu geben und davonzufahren. Der General bleibt unverletzt.

Die DS 19 dieser Jahre kann man mittlerweile als ausgereift bezeichnen; als besonderes Erkennungsmerkmal des 60/61er Jahrgangs gelten die Lufteinlaßgitter auf den vorderen Kotflügeln, die ID-Modelle hingegen bleiben weitgehend unverändert. Seit 1959 bietet Citroën das Modell Prestige an, ein mit einer Trennscheibe versehenes Modell ausschließlich in Schwarz, umgebaut von der Karosseriefabrik Henri Chapron, die bereits in den fünfziger Jahren auf Basis der 15-6-Modelle ein großes Cabriolet für Präsident Coty baute.

Seit 1958 entstehen dort auch einige interessante Sonderkarosserien des DS. Der Prestige wird als DS 19 angeboten, obwohl es auch einen schwarzen ID mit Trennscheibe und Normalausstattung mit der Zusatz-

Der 14. Juli ist der französische National-Feiertag. 1958 feiern sieben Déesses vor dem Arc de Triomphe mit.

So kennt man ihn: de Gaulle im schwarzen DS.

Mehrere Kugeln durchschlagen am 15. Oktober 1961 den DS des Generals. Trotz zweier zerschossener Reifen kann der Wagen entkommen.

bezeichnung „voiture de maire" zu kaufen gibt. Die DS Prestige-Ausstattung umfaßt neben der mit Leder bezogenen vorderen Sitzbank ein luxuriöses Fondabteil mit weichen grauen Teppichen und ebensolchen Helanca-Sitzbezügen. Unterhalb der Trennscheibe finden die Passagiere eine Uhr, einen Zigarettenanzünder, die Zusatzbedienung für das vorn installierte Radio sowie später auch eine Mikrofon-Verbindung zum Fahrer und den Reostat, mit dem man die Luftzufuhr durch einen Elektromotor kontinuierlich steuern kann – der Vorläufer der Klimaanlage. Weiterhin ist der Einbau eines Autotelefons vorgesehen. Als besondere Zugabe sind die hinteren Türen mit einem Extra-Schlüssel getrennt zu verschließen. Im Laufe der Zeit wird es bei Chapron noch einen ganzen Katalog von Sonderausstattungen geben, kaum etwas ist bei diesem nur auf Bestellung gebauten Modell unmöglich. Die Verwendung von Edelholz im Interieur und eine luxuriöse Version namens Prestige Pallas ab September 1970 ändern nichts daran, daß die Sitzhaltung hinterm Lenkrad nur von kleiner geratenen Chauffeuren als angenehm empfunden wird.

Von September 1961 bis zum August 1962 werden 78.696 ID- und DS-Modelle hergestellt. Zum Salon 1962, der erstmals auf dem Messegelände an der Porte de Versailles stattfindet, erfahren die Göttinnen grundlegende Änderungen. Ein Jahr zuvor schuf man für den DS 19 ein neues Armaturenbrett, das als „Symphonie aus Blech und Chrom" einen imposanten Eindruck vermittelt und unter diesem Namen auch in die DS-Geschichte eingehen wird. Genauso schwungvoll asymmetrisch geformt wie das berühmte Plastik-Armaturenbrett, vertritt es zwar nicht mehr so konsequent den Grundgedanken der zukunftsweisenden Linie, gerät aber in sich stabiler, was bedeutet, daß Verformungen und Ausbleichungen, vor allem aber Knarr- und Quietschgeräusche, der Vergangenheit angehören. Im übrigen läßt sich nun ohne Probleme ein

Nach den Tractions sind die DS die offiziellen Fahrzeuge des Elysée-Palastes geworden. So sind sie bei offiziellen Anlässen nicht mehr wegzudenken. (Hier zusammen mit den Citroën-Sonderkarosserien auf 15-H-Basis von Franay und Chapron.)

So ist es richtig: Der Papst (Johannes 23.) segnet die Göttin.

Was gibt es schöneres als eine schwarze Déesse … da gucken selbst die hohen Herren.

Neben den Bedienungsknöpfen für Klimaanlage und Zigarettenanzünder gehören auch Uhr und Tachometer (!) in den Ausstattungskatalog. Jeder Prestige ist ein Einzelstück; hier mit Lederausstattung (1965).

DS 19 Prestige mit Trennscheibe ab 1959. Für den Umbau sorgt Henri Chapron.

Hållo, Sûreté? Das Telefon ist plakativ, aber lediglich als Sonderzubehör zu haben. Weiche Teppiche bespannen den Fond. Und – richtig gesehen: für viele Jahre sind bei diesen schwarzen Autos die Türen innen grau lackiert.

Chauffeur mit kurzen Beinen bevorzugt. Viel Platz bleibt dem Fahrer nicht.

Citroën DS

Gris palladium und gris argent – das sind die Farben, mit denen dieses Modell berühmt wird.

DS Prestige 1970. Viel hat sich äußerlich nicht verändert, die dezente Erscheinung ist geblieben. Er wird Ende des Jahres durch den „Prestige Pallas" ersetzt, mit allen äußeren Zierteilen der anderen Pallas-Modelle, was nicht heißen soll, daß Teppiche, Einstiege und Himmel nicht schon der Pallas-Ausstattung entsprochen haben.

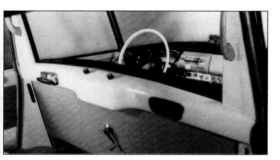

Kein DS Prestige, sondern ein ID „voiture de maire", das Bürgermeisterauto, in Schwarz und mit Trennscheibe.

Bauch an Bauch werden die Rohkarossen zu den diversen Montagewerken verschickt.

Von der Schiene direkt auf die Frachter – ID-Verschiffung in le Havre.

Export überall hin. Hier verschwindet ein ID im Laderaum.

DS 19 aus dem englischen Montagewerk in Slough: Lucas-Scheinwerfer und solide Nummernschild-Aufnahme.

Der Citroën-Schriftzug kommt später als Zubehör auf den Kontinent.

Wie es die Engländer lieben: Lederausstattung, Radio, einfarbig lackiertes Armaturenbrett und Aschenbecher an allen Türen. Wenn da man die Zigarre nicht runterfällt…

Punktschweißen am Band. Im englischen Montagewerk entstehen die rechtsgelenkten DS.

Von Generationen begehrt: DS 19, im September 1959. Erstmals sorgen Alu-Lüftungsgitter auf den vorderen Kotflügeln für Frischluft, ab Oktober erscheinen die DS nur noch mit auslaufenden Edelstahl-Trompeten für die hinteren Blinker.

Die Raucher können aufatmen: Ab Mai 1959 tickt die Uhr neben dem Kombi-Instrument statt auf dem Aschenbecher. Bereits seit einem Jahr ist das Lenkrad mit einem breiten Kunststoffband à la ID umwickelt.

Seit zwölf Monaten hält der DS-Fahrer ein schwarzes Lenkrad in den Händen; ganz neu für diesen September 1960 sind die auffällig gemusterten Sitze.

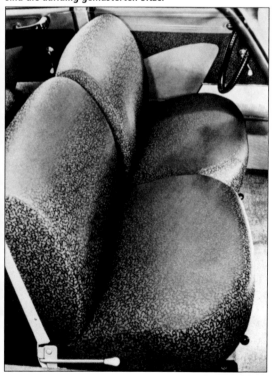

Für den Citroën-Stand bei den 24 Stunden von Le Mans wird eine ungewöhnliche Präsentation realisiert.

Die Symphonie aus Blech und Chrom – DS-Armaturenbrett ab August 1961.

Alt gegen neu: oben der DS von 1955, unten der neue aerodynamischere DS von 1962.

Citroën DS **51**

Vorstellung des DS-Cabriolets auf dem Autosalon in Turin im November 1960.

Ein Jahr später – Turin im November 1961. Der Mai bescherte die Lüftungsgitter aus Edlstahl statt aus Alu.

Motorraum vom DS; die parallel laufenden Scheibenwischer bestimmen das Modell ab August 1964. Unter dem Reserverad spannt sich nun ein Tunnel, der von der Fahrzeugunterseite die Kühlluft leitet.

Citroën-Werbeplakat 1961: Der DS ist längst zum frankophilen Symbol avanciert.

Der Stand der Göttinnen auf dem Pariser Salon wird zum Mekka für die Gläubigen. Was mag wohl in der Dame vorgehen...

Mit gleicher Front wie der DS erscheinen 1962 auch die ID-Typen. Die auslaufenden Trompeten bei diesem ID Confort sind nur für den Export gedacht.

Mit weichem Stoff bezogene Sitze und gleichfarbig gemusterte Türverkleidungen – ID 19 im Jahr 1964.

Ein nicht besonders attraktives neues Armaturenbrett und ein ebenfalls schwarz umwickeltes Lenkrad sind die Merkmale des ID 19 ab August 1964.

Radio unterbringen, was vorher bedeutete, neben einem Briefumschlag nur noch eine flache Puderdose ins Handschuhfach packen zu können...

Jetzt erhalten alle ID und DS eine von Bertoni überarbeitete Schnauze, deren Schürze und Luftöffnungen homogener wirken und zudem den Autos eine bessere Aerodynamik verleihen. Im Katalog stehen elf verschiedene Modelle, seit Herbst 1961 ist der allzu normale ID Normale verschwunden, das ID-Limousinenprogramm beschränkt sich auf zwei Modelle, hingegen kann der Kunde unter fünf Kombi-Versionen wählen. Neben dem DS 19 und dem DS Prestige ist seit Ende 1960 auch ein wunderschönes viersitziges Cabriolet im Programm, das ebenfalls bei Henri Chapron per Hand hergestellt wird. Nur bis 1965 wird es auch in der simpleren ID-Version zu kaufen sein.

Am 4. Mai 1964 erreicht die Citroën-Mannschaft eine traurige Nachricht: André Lefébvre, der Vater des Tractions und des 2 CV, vor allem aber des DS, ist gestorben. Mit ihm verliert Citroën einen ewig agilen Konstrukteur, dessen ungebändigter Drang nach Fortschritt mehr als 30 Jahre das Aussehen der Typenpalette bestimmt hat. Der rastlose und vor Ideen übersprudelnde Geist Lefébvres mag noch eine Zeitlang in der Entwicklungsabteilung hausen, doch die Zeiten ändern sich...

Von rot auf grün

Hochwertige Veloursitze, eine weiche Teppichausstattung nicht nur am Boden, sondern auch auf den Einstiegsschwellen und um die Motorausbuchtung, stets eingefaßt mit polierten Edelstahlleisten und Zierblechen, dazu ein elegant verkleideter Dachhimmel – erlesene Eleganz, wo auch immer es geht. Das ist der DS 19 Pallas, eine Luxusversion im wahren Sinne, die in der Optik zu verbessern sucht, was technisch längst Realität ist. Aus gebürstetem Edelstahl matt blinkende Dachholm-Verkleidungen sowie dünne Zierleisten an den oberen und unteren Türkanten, breite, eingefaßte (ausgerechnet) weiße Gummileisten, die in die nun aufgesetzten Rückstrahler auslaufen, erstmals in Serie verwendete Jod-Zusatzscheinwerfer und etwas dick aufgetragene, in der Mitte ziselierte Radkappen vermitteln den Eindruck eines Automobils der gehobenen Klasse.

Doch nur ein Jahr währt die Regentschaft dieses Spitzenmodells, dessen optische Erscheinung, besonders in gris palladium, genauso ins Superlative greift wie die baubedingte Rostanfälligkeit – doch daran wird sehr lange niemand denken. Schon ein Jahr später, im Oktober 1965 – das Datum des Salons bestimmt stets den Enthüllungstermin –, sind die ID und DS erneut überarbeitet. Eine neue Motorengeneration mit fünffach gelagerter Kurbelwelle und 1985 bzw. 2175 ccm motorisiert einen neuen DS 19 und einen zusätzlichen DS 21. Verbesserte Antriebswellen, überarbeitete Scheibenbremsen mit je zwei Bremsklötzen und einer Kontrolleuchte für deren Abnutzung sowie ein Bremsweganzeiger im Tachometer kennzeichnen die Modellpflege.

Geänderte Lufteinlässe in der Frontschürze und die Umstellung auf die 380er 5-Loch-Felgen (was die Einführung neuer Radkappen bedeutet) betreffen das gesamte ID- und DS-Programm. Weiterhin sind alle Modelle mit den neuen Michelin XAS ausgerüstet. Die Breaks sind wahlweise mit beiden neuen Motoren des DS 19 und DS 21 lieferbar; die ID 19 erhalten für ein Jahr einen leicht gedrosselten ehemaligen DS 19-Motor mit 74 PS, bevor sie ebenfalls mit dem neuen Motor des DS 19 (allerdings mit nur 78 PS) zu haben sind. Dieser 78-PS-Motor erweist sich auf die Dauer als ungemein sparsames und dabei laufruhiges und robustes Aggregat.

Als eiskalter Engel klaut Alain Delon mit einem Bund von drei Dutzend kleinen Ronis-Schlüsseln einen

Erlesene Innenausstattung mit höheren Lehnen beim Pallas.

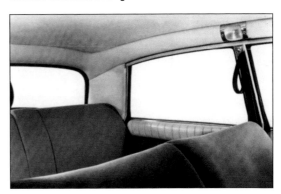

Die aufwendig verkleidete Dachpartie des Pallas vermittelt in dieser Form bis zum Produktionsende der DS-Modelle einmalige Behaglichkeit.

Ein Bild wie aus dem Bilderbuch: Citroëns auf Reisen.

D 19 Pallas, Oktober 1964. Die ziselierten Radkappen währen nur ein Jahr.

DS nach dem anderen, Lino Ventura übersteht in den weichen Polstern einer Déesse halsbrecherische Verfolgungsjagden, und Jean-Maria Volonté haucht hinter einer geborstenen DS-Scheibe sein Leben aus – natürlich nur im Film, denn dort startet auch Jean Marais alias Phantomas im weißen DS mit ausfahrbaren Tragflächen in ein weiteres verbrecherisches Abenteuer.

Kaum ein Streifen des französischen Kinos, in der kein DS die Nebenrolle spielt. Als würdiger Nachfolger des Traction gehören diese Autos wie kaum andere zum französischen Straßenbild und prägen so den Charakter der gallischen Nation, zu deren Wahrzeichen neben dem Eiffelturm und dem Pigalle, dem Baguette und dem Beaujolais nun auch Autos wie die Déesse gehören.

Form und Technik des DS sind auch nach zehn Produktionsjahren beispielhaft und wegweisend; die Konzeption der Göttin wird in der ganzen Welt unumstritten als Beispiel fortschrittlichen Automobilbaus gewürdigt. Auszeichnungen und Preise bestätigen Schönheit und Zuverlässigkeit in eindrucksvoller Weise.

Der „Professor" Paul Magès hat in den langen Jahren an der hydraulischen Anlage eine Verbesserung nach der anderen vorgenommen. Mit der Umstellung auf die neue mineralische grüne Hydraulikflüssigkeit LHM (liquide hydraulique minéralogique) im Herbst 1966 gelingt es, einige entscheidende Nachteile der bis dahin gebräuchlichen „roten" LHS 2 zu eliminieren. Allen voran die hygroskopische Eigenschaft der LHS 2 (die Flüssigkeit zieht auf die Dauer Wasser an, wodurch 1. der ohnehin schon niedrige Siedepunkt weiter sinkt und 2. die Aggregate korrodieren); des weiteren ist die LHM anderen Elementen (z.B. Lack) gegenüber nicht so aggressiv.

Leider müssen im Zuge dieser Umstellung nahezu alle Bauteile der Hydraulik verändert werden, da sich Dichtungen und Membranen des mit LHS 2 betriebenen „roten" Systems nicht mit der neuen LHM vertragen; genauso wenig übrigens wie umgekehrt.

Diese letzte Verbesserung an der Hydraulik darf als grundlegend bezeichnet werden; für die weitere Zukunft wird dieses System dem Hause Citroën Zuverlässigkeit und Problemlosigkeit bescheinigen. Ein paar Monate nach Erscheinen des neuen Systems rüstet Rolls-Royce seine Typen Silver Shadow und Bentley T mit Brems- und Federelementen der Citroën-Hydraulik aus – Jahre später wird dort sogar auf die akribisch betriebene Eingangskontrolle verzichtet werden. An eine bessere Referenz ist kaum zu denken.

In Citroëns Versuchsabteilung konzentriert man sich im wesentlichen auf technische Verbesserungen, die vor allem dem Rallyesport zugute kommen. Robert

Das ist er, der neue DS 19- bzw. DS 21-Motor mit fünffach gelagerter Kurbelwelle.

DS 21 – der Schriftzug am Heck kennzeichnet erstmals das Modell.

Blank eingefaßte Rückleuchten und gelbe Bremslichter beim Pallas.

Eine neue Schürze (unten) für den 66er Jahrgang. Gleichzeitig erfolgt die Umstellung auf 380er 5-Loch-Felgen mit Michelin XAS-Reifen.

Am Schnittmodell läßt sich der Aufbau gut erkennen.

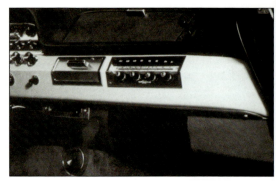

Nicht nur Sitze und Türverkleidungen aus Leder, auch das Abschlußblech unterm Instrumentenbrett ist damit bezogen. Hier beherbergt es als Sonderausstattung den Lautsprecher und einen Überblendregler. Der polierte Pallas-Aschenbecher ist nicht zu übersehen.

Man riecht direkt den Lederduft … die Lederausstattung im DS-Pallas wird auch nach 20 Jahren noch Synonym für Luxus und Bequemlichkeit bleiben.

Seit Ende 1963 wird das Modell Break wie der Commerciale mit umklappbarer Rücksitzbank geliefert.
Hier ein Modell 67.

Ein Tacho mit Bremsweganzeiger – das hat die Welt noch nicht gesehen. Alle DS-Modelle sind damit seit Oktober 1965 ausgerüstet. Seit 1963 gibt es auch einen schöneren Griff am Aschenbecher.

Opron, Bertonis ehemaliger Assistent und mittlerweile Chef der Abteilung Karosserie-Design, entwirft eine Reihe von Alternativen zur gegenwärtigen DS-Linie; man diskutiert auch über eine modernisierte Front mit Klappscheinwerfern. Im Winter 1966 übernimmt Bertoni die Aufgabe selbst: Innerhalb einer Stunde, so will es die Legende, modelliert er mit Gips am „lebendigen" DS (dessen Kotflügel er mit dem Hammer einfach eingeschlagen hat) eine neue Frontpartie mit Doppelscheinwerfern. Und eigentlich sind es gar keine, denn die etwas kleineren, innen leuchtenden Fernlichtscheinwerfer, die dem im Hauptscheinwerfer untergebrachten Fernlicht dazugeschaltet werden können, folgen über Bowdenzüge dem Lenkradein-

Das 72er Modell bringt u.a. ein neues Lenkrad, dessen Schaummaterial aber offensichtlich längeren Handkontakt nicht verträgt; es quillt auf, löst sich und zerbröselt. Und nur die komplette Lenksäule läßt sich wechseln... Seit September 1972 sind Tacho und Drehzahlmesser mit längeren, auffälligeren Zeigern versehen. Bei diesem 73er DS 23 zeigt ein nur gegen Aufpreis erhältliches Instrument die Temperatur an, während die hübsche Zeituhr aus den 60er Jahren stammt - das Original (ab 9/69) wirkt äußerst billig...

Mehr als nur Design – DS-Pallas-Details.

Zukünftiger DS-Entwurf von Bertonis Nachfolger Robert Opron, etwa 1963.

Fotos entnommen aus: „Citroën – l'histoire et les secrets de son bureau d'études" von Roger Brioult; Editions EDIFREE – La Vie de l'auto, France

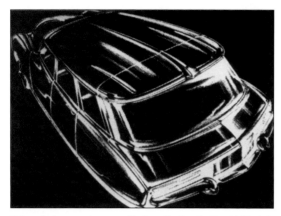

Entwurf einer moderneren Heckpartie für die Kombi-Modelle von Opron, etwa 1964.

Unverkennbar SM-Linien! Diese Zeichnung entsteht 1966 bei Citroën. Rechts: Der letzte Streich von Flaminio Bertoni, die neue Frontpartie mit Doppelscheinwerfern, reißt Ende 1967 die DS-Liebhaber noch einmal von den Stühlen.

ID 19, Baujahr 1968. Die Doppelscheinwerfer lassen die göttliche Form noch homogener erscheinen.

Unter einer Glasscheibe sind die Hauptscheinwerfer und der mitlenkende Zusatzscheinwerfer verborgen. Das ist Kunst am Automobil. Rechts: Ende 1968 ist bei den ID und DS die Chrom- und Blech-Ära vorbei. Die mit mattschwarzem Kunststoff bezogenen Armaturenbretter sind nun mit viereckigen Drucktasten bestückt; die Lenksäule ist seit 1967 ebenfalls schwarz.

Neue Sitze mit größerem Seitenhalt für ID und DS ab September 1968. Das Handrad an der Rückenlehne ersetzt den Hebel (ID 19). Rechts: DS Pallas. Übrigens: In diesem Jahr wechselt man vom schwarzen zum grauen Windschutzscheibengummi.

Ein schwarzes Auto für die graue Eminenz: DS 23 Prestige Pallas mit Trennscheibe, TV, Telefon und Robergel-Radzierringen, 1973. Chapron hat ganze Arbeit geleistet bei diesem luxuriösen Interieur des Prestige Pallas.

schlag und leuchten so die Kurven aus. Nur blasphemische Zeitgenossen nennen das dann „Schlitzauge".

Bertoni, der an seiner Göttin die letzten Striche zog, stribt wenige Tage später. Der kleine energische Mann mit der unmöglichen Figur und den schwarzen Augen war einer der größten Designer dieses Jahrhunderts. Er war Architekt und Künstler und Konstrukteur in einem. Er schuf Reliefe und Mosaiken, Plastiken, Statuen und Karosserien. Die Déesse wurde sein Meisterwerk. An Berühmtheit wird dieses Denkmal die anderen aus Gips und Bronze weit übertreffen.

Ein kleines Schild am Heck deutet auf den neuen elektronisch geregelten Einspritzmotor (September 1969).

Über allen Gipfeln

Am 7. Oktober 1969 knallen die Korken: Der millionste DS ist gebaut! Wer hätte das gedacht, als vor 14 Jahren das ungewöhnlichste aller Autos vorgestellt wurde... Und schon wieder gibt es eine Premiere, denn zur selben Zeit erscheint das erste französische Auto mit elektronisch gesteuerter Benzineinspritzung. Der DS 21 Injection leistet 120 PS und läuft damit knappe 190 km/h.

Da vergeht der Spaß am Reparieren ... DS 21 injection-Motor mit Halbautomatik-Getriebe.

Testberichte der vergangenen Jahre bemängelten stets das verwirrende Knöpfeziehen am eleganten Chrom-Armaturenbrett. Nachdem man dieses ab Herbst 1968 besagter Knöpfe entledigte und die mehr oder weniger funkelnden Blechflächen schwarz bezogen wurden, stößt man nun bei den von jetzt an so genannten D-Modellen auf ein einheitliches, „sachliches" Instrumentenbrett, deren aber stark spiegelnde Rundarmaturen offenbar ein kleiner Schelm ausgesucht zu haben scheint... Die klassischen Bezeichnungen ID 19 und ID 20 werden durch D-Spécial und D-Super ersetzt, die Kombis hören nun auf „Break 20" und „Break 21".

In Chrêches-sur-Saone, nur wenige Kilometer von Mâcon entfernt, weilt George Regembeau, dessen Name stets für Schlagzeilen sorgte. Neben einem elektro-hydraulischen 6-Gang-Getriebe für den 15-SIX entstanden dort bereits selbstkonstruierte Dieselmotoren für die DS. Weiterhin bietet er äußerst effektive Tuning-Maßnahmen für ID und DS an; nicht selten präpariert er für Citroën die Rallye-Fahrzeuge. 1967 entwickelt er aus dem mechanischen 4-Gang-Getriebe des DS eines mit fünf Gängen, womit die Rallye-DS für die London-Mexico-Fahrt ausgerüstet werden. Das Getriebe erweist sich als so gelungen, das Citroën die Konstruktion übernimmt und die DS 21-Modelle ab 1970 damit ausgerüstet werden. Noch zehn Jahre

Öfter mal was Neues: Ab September 1969 gibt's für alle ID- und DS-Modelle ein einheitliches Armaturenbrett.

Als Nachfolger des DS 19 fungiert seit Ende 1968 der DS 20 (Modell 1970).

DS 21 mit versenkten Türgriffen. Wie beim GS und SM kann nun die Tür mit zwei Fingern geöffnet werden. Es ist September 1971.

Ende 1972 lösen die DS 23-Modelle die DS 21 ab; Klimaanlage und getönte Scheiben stehen auf der Aufpreisliste. Hier ein DS 23 Pallas.

Der Automatik-Wählhebel für das Borg-Warner liegt ebenfalls über der Lenksäule. Das kleine Continental-Edison UKW-Radio wird später ein begehrtes Teil.

Der Tod eines jeden Mechanikers: DS 23 Injection mit Borg-Warner-Vollautomatik. Leider harmoniert dieses Aggregat nicht besonders mit dem DS-Motor, Leistungsverlust ist die Folge. Zu beachten sind die kantigeren Rückleuchten und die serienmäßigen Rückfahrscheinwerfer.

Neue Bezeichnung „Break 20" und „Break 21" bzw. Familiale und Commerciale. Zusammen mit der Windschutzscheibendichtung wurden 1969 alle Fenstergummis hellgrau. Sowas nennt man Modellpflege.

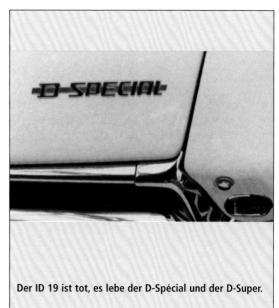

Der ID 19 ist tot, es lebe der D-Spécial und der D-Super.

Begehrte „D-Modelle" seit Ende 1972: D-Super 5 mit dem ehemaligen DS 21-Motor und der DS 23 injection Pallas.

klagt Regembeau gegen das Werk, da er seine Erfindung kopiert sieht und keine Entschädigung erhalten hat.

Das Jahr 1970 steht ganz im Zeichen des neuen kleinen Citroën GS mit 4-Zylinder-Boxermotor, dessen hydropneumatische Federung in dieser Klasse neue Maßstäbe setzt. Nahezu parallel dazu wurde in Zusammenarbeit mit Fiat/Maserati der luxuriöse SM mit V6-Maserati-Motor entwickelt. Der SM ist klar nach dem DS-Muster konzipiert und bestätigt damit erneut die Aktualität dieser Bauweise. Doch die Verkäufe des SM bleiben hinter den Erwartungen zurück, das Projekt einer geplanten viertürigen Limousine wird fallengelassen. Zudem gibt es kaum eine Werkstatt, die den noch weitaus komplizierteren SM reparieren kann. Zwei Jahre später schneidert Chapron für Staatspräsident Pompidou zwei viertürige SM-Cabriolets. Der Staatspräsident a. D. bekommt diese Autos nicht mehr zu sehen. De Gaulle wird 1970 auf seinem Ruhesitz in Colombey-les-Deux Eglises beigesetzt.

Die DS-Modelle erhalten 1971 versenkte Türgriffe à la GS und damit verbesserte Schlösser sowie ein umschäumtes Kunstlederlenkrad. Für zukünftige Besitzer eines DS 21 ist nun auch ein vollautomatisches Borg-Warner-Getriebe lieferbar, das denen allerdings meistens Kummer bereiten wird…

Die Ausstattung der Pallas-Modelle wird abermals aufgewertet: eine Höhenverstellung für den Fahrersitz und die heizbare Heckscheibe sind jetzt serienmäßig, Zigarettenanzünder, Handschuhfach und Heizungsbetätigung werden beleuchtet; die Velourssitzbezüge erhalten ein neues Muster. Der Aufpreiskatalog umfaßt Lederausstattung, Klimaanlage und grün getönte Scheiben.

Seit Michelin 1935 das Citroën-Werk übernommen hatte, blieb dieser Name untrennbar mit Citroën verbunden; bissige Kommentatoren der fünfziger Jahre meinten sogar zu wissen, Michelin habe den DS nur wegen der neuen X-Reifen konstruieren lassen. Am 24. Juni 1974 wird die Übernahme von Citroën durch Peugeot besiegelt – die Aktienmehrheit wird Michelin dann zwei Jahre später an Peugeot abgeben. So gerät die Weiterentwicklung des DS zum DS 23 im Herbst 1972 zum Finale seiner Geschichte, denn die Produktion der Göttinnen ist der strafforganisierten Peugeot-Gruppe schlicht zu teuer.

Die seit 1968 im Rahmen einer Zusammenarbeit (Comotor) mit NSU vorangetriebene teure Wankel-Entwicklung, deren weitgestecktes Ziel es war, den DS mit einem Kreiskolbenmotor auszurüsten, bleibt Illusion. Der bereits im Entwicklungsstadium befindliche CX wird schnellstens lanciert und die Produktion von DS und SM eingestellt.

Vor zwei Jahren, im April 1973, lief der erste DS im supermodernen neuen Citroën-Werk in Aulnay-sous-Bois vom Band, nachdem die Produktion aus dem Quai de Javel, pardon, Quai André Citroën, ausgezogen war. An diesem 24. April 1975 verläßt nun die letzte Déesse die Hallen in Aulnay. Sie geht in der Blüte ihrer Jahre, und sie tritt ab, bevor sie alt, überholt und unmodern geworden wäre. Sie hat Jahrzehnte und Generationen erlebt: die Nachkriegsjahre, das Wirtschaftswunder, die Flower-Power und die Rezession.

Doch im Autohimmel sucht man sie vergebens. Wenn wir heute mit ihr über die Landstraßen schweben, ist uns klar: die großen Citroën sind unter uns, denn Göttinnen sind unsterblich.

Spitzenkombi der letzten Generation: „DS 23 Break" 1974.

Das war's! Am 24. April 1975 ist mit einem letzten DS 23 injection Pallas endgültig Schluß. Der CX wartet bereits…

Zeit der Dämmerung: 1974 ist die Zeit für den DS 23 Pallas fast abgelaufen.

In fremdem Gewand

Spezialkarosserien und Prototypen

> „Im ägyptischen Altertum wurde nach dem Tod des Osiris seine Gemahlin Isis zur Göttin erhoben und galt fortan als Inbegriff jener Gottheit, die sich durch Zauberei die Kraft der Sonne zu eigen machte."
>
> Aus der ägyptischen Geschichte

Die nackte Göttin
Das DS Cabriolet von Henri Chapron

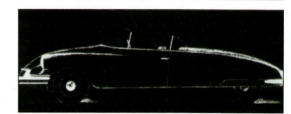

Als Flaminio Bertoni 1959 nach Christus seinen letzten Entwurf für ein viersitziges Cabriolet vorlegt, setzt er damit ein automobiles Monument, das ebenso wie die Isis gern mit der Sonne abgebildet wird. Er entwirft nach seiner grandiosen Karosserielinie für die ungewöhnlichste Serienlimousine aller Zeiten ein offenes Pendant, das seinesgleichen wohl für immer suchen wird: das DS Cabriolet.

Das kleine Atelier in der Rue Aristide Briand Nummer 114 im Pariser Stadtteil Levallois-Perret gehört Henri Chapron, einem der bekanntesten französischen Meister der Automobil-Haute-Coûture. Doch seine Linien sind eher zurückhaltend-konservativ, verglichen mit denen von Letourneur & Marchand, Figoni & Falaschi oder gar Saoutchic. Die Delahaye, Delage und Talbot der dreißiger, vierziger und frühen fünfziger Jahre, die hier mit einer Karosserie versehen wurden, tragen stolz ein kleines Emblem als Synonym für Qualität und Wertbeständigkeit: Henri Chapron-Paris-Levallois.

Hier beginnt man 1960 mit der Produktion des DS-Cabriolets, nachdem sich der Aufbau des DS (eine Kombination aus stabilem Chassis und selbsttragender Fahrgastzelle) im Gegensatz zu allen anderen Fahrzeugen mit selbsttragender Karosserie als ideal für den Karosserie-Umbau erwiesen hat, weil die äußeren Karosserieteile nur angeschraubt sind und keine tragende Funktion haben. Trotzdem werden im Bereich der Rücksitzbank und entlang der Längsträger Verstärkungsbleche eingeschweißt; die Tatsache, daß wie bei den Kombi-Modellen im hinteren Bereich eine zweite Wagenheberstütze, verstärkte Schwingarme, geriffelte Bremstrommeln hinten und hintere Federkugeln mit 37 bar vorhanden sind, läßt vermuten, daß die Cabriolets auf Break-Chassis aufgebaut sind.

Erste Cabriolet Entwürfe von Flaminio Bertoni gehen auf das Jahr 1954 zurück.

Äußerlich unverändert ist das Cabriolet bis 1965 auch als ID-Version zu haben.

Die Farben das Sommers, hier am DS 19 Cabrio von 1960.

Dieses erste Exemplar des Cabriolets bleibt ein Prototyp. Niedrigere Frontscheibe, Serien-Rücklichter, runde Rückstrahler und vordere Blinker in der Öffnung unter der Stoßstange (!) werden für die kleine Serie nicht übernommen.

Eine teure Sache, das DS Cabriolet, aber was für ein Auto!

Die jungen Daman mit den hochtoupierten Frisuren im ersten Cabrio-Prospekt können dann auch ihre echte Begeisterung zeigen, denn die Cabrio-Welt ist hingerissen. Auf dem Pariser Salon im Oktober 1960 ist das Cabrio erstmals zu sehen. Mit der unveränderten Technik der Limousine kostet diese offene Freude nahezu das Doppelte, nämlich gute 22.000 Francs. Nur 700 Francs weniger darf man für die technisch simplere Variante, das ID 19 Cabrio, rechnen. Wohl mehr aus Furcht vor hydraulischer Kupplung und Halbautomatik als aus Kostengründen haben sich einige wenige für dieses „Standard"-Cabrio entschieden, das ab August 1965 aus dem Programm genommen wird. Aber nicht nur der biblisch hohe Preis, sondern noch ein anderer Umstand wird dafür sorgen, daß dieser eleganten Erscheinung kein allzu großer Verkaufserfolg beschieden ist, nämlich die extreme Rostanfälligkeit. Als hätte die zauberhafte Kraft, die von diesem Auto ausgeht, auch gleich dafür gesorgt, sich allem Irdischen möglichst bald wieder zu entsagen, ziehen insbesondere die Hohlräume am nicht demontierbaren Hinterteil magisch die Feuchtigkeit an.

Wie war das mit den Negerlein? …da waren's nur noch neun.

Im Zuge der Weiterentwicklung der Göttin zum DS 21 im August 1965 avanciert auch das Cabriolet zum Spitzenmodell gleichen Namens. Im Wandel der Zeit läßt man es natürlich an allen Veränderungen des Limousinenbaus teilhaben. Gleichzeitig mit dem DS 21-Motor erhält es statt der 400er Zentralverschlußräder die 380er 5-Loch-Felgen und eine geänderte Luftschlitzanordnung am aerodynamisch verkleideten Unterboden. Der bis dahin augenfälligste Unterschied war in der Überarbeitung der vorderen Stoßstange 1962 und im veränderten Armaturenbrett zu erkennen.

Die Mode wechselt rasant in jenen Jahren. Stehen neben der Schnauze des 61er Modells noch faltenberockte Mesdemoiselles in Doris-Day-Manier, rekeln sich bereits drei Jahre später langhaarige Amazonen im Super-Mini auf den hinteren Ledersitzen. Und auch die auberginefarbenen Maxis mit Kapuze bestätigen dem mittlerweile mit „Doppelscheinwerfern" ausgerüsteten DS Cabriolet noch knapp zehn Jahre nach dessen Erscheinen eine zeitlose Linie. Und wie immer im Leben tut sich nicht nur was am Kleid, auch darunter gibt es stets Neues zu bestaunen. Einer der entscheidenden Marksteine ist auch beim Cabriolet die Umstellung auf die sogenannte „grüne" Hydraulikflüssigkeit im September 1966. Das besagte Chaos,

Eine aparte Mischung: rouge cornaline und schwarzes Dach. Mal ehrlich, wer weiß, dass 78 Farbkombinationen aus 13 Lackierungen und 11 Ledertönen angeboten werden?

Lucas Rücklichter und eigens angefertigte Rückstrahler, in die die Zierleisten auslaufen, sind markante Details.

Produktionszahlen Der ID-und DS-Cabriolets

	ID	DS
1960	1	
1961	32	130
1962	28	181
1963	34	207
1964	5	179
1965	6	121
1966		124
1967		82
1968		95
1969		47
1970		40
1971		13

TOTAL ID =106   TOTAL DS =1.219   TOTAL ID+DS =1.325

das im Hydraulikgewirr entsteht, wenn sich unbedarfte Zeitgenossen nicht über die Farbe ihrer Flüssigkeit im klaren sind, führt zu weiterem Schwund.

Da waren's nur noch acht.

Die junge Dame im erwähnten Maxi-Kleid, die im Katalog von 1969 so achtlos ihre Stiefel auf die hintere, übrigens stets weiter als bei der Limousine herumgezogene Stoßstange stellt, wird trotz der dichten schwarzen Wimpern auch das güldene Typenschild auf dem glasfibernen Kofferraumdeckel entdeckt haben: DS 21 injection électronique. Dieses kleine Schild mit dem dazugehörigen Einspritzmotor, zwischen September 1969 und Produktionsende 1971 wahlweise zu haben, verhilft dem DS Cabriolet zum kraftvollen Endspurt, denn mit der weiteren Modifizierung der D-Modelle verschwindet es aus dem Verkaufsprogramm von Citroën.

Nur 1.325 Stück verlassen zwischen Oktober 1960 und September 1971 das unscheinbare Atelier in Levallois, dazu noch eine Handvoll von später gefertigten, direkt dort in Auftrag gegebenen Cabrios – das letzte seiner Art wird 1974 verkauft.

Ein weicher Schoß inmitten einer Form, die den Wind zum Freund hat, hoch über sich die Sonne, um ihre Bewunderer zu verzehren … die alten Ägypter würden staunen, wie dynamisch und zeitlos man eine Göttin darstellen kann. Mit dem DS Cabrio ist es viele tausend Jahre später eindrucksvoll gelungen.

Hahn im Korb
Die Sondermodelle von Henri Chapron

Die schneeweißen Yachten, die alljährlich gut gewachsene Filmsternchen auf die inmitten von Palmen gelegenen Hotelpaläste ausladen, sind Attribute der azurblauen Kulisse bei den Filmfestspielen in Cannes. Hier promenieren sie, die Luxusautos dieser Welt, auf der teuersten Straße der Côte d'Azur, der „La Croisette", um sich dann weiter hinten, an der Kehre am „Palm Beach", auf dem Parkplatz des gleichnamigen Casinos in die Obhut weißlivrierter Parkwächter zu begeben.

Die Symbole für Reichtum und große Welt benutzt Henri Chapron, um die hauseigenen Karosserieentwürfe für die DS zu benennen. Er hat es verstanden, das DS Cabrio, obwohl bei ihm selbst gefertigt, zum sogenannten Werks-Cabrio (cabriolet usine) zu degradieren, und das hat einen weitreichenden Ursprung.

Denn während man in den Chefetagen bei Citroën noch die Bertoni-Entwürfe für ein göttliches Cabrio kritisch begutachtet, entstehen in Handarbeit nach den Skizzen des grandiosen Stylisten Carlo Delaisse, der einst die Formen für den Bugatti Royale fixierte und auch für so klassische Sportwagen wie den Austin Healy 3000 den Zeichenstift schwang, bereits 1958 die ersten DS Cabrios bei Henri Chapron. Name: La Croisette.

Wie auch bei den später dort entstehenden Werks-Cabriolets werden die Original-Vordertüren durch Ansetzen verlängert. Während das erste Modell noch den nackten Spalt zwischen hinterem Seitenteil und hinterem Kotflügel zeigt, hat man bei der zweiten Variante diesen mit einer schmalen vertikalen Zierleiste verdeckt. Die unterhalb des unteren Karosserieknicks verlaufende Alu-Waffelblende reicht nur zur hinteren Stoßstange, so daß für den Radwechsel wie bei der Limousine der hintere Kotflügel abgenommen werden muß. Erst bei der dritten Variante ist eine formschönere Lösung gefunden worden: Ein hinterer Radausschnitt gestattet (zusammen mit einem kleinen Wagenheber, der unter die serienmäßige Haltestütze geschweißt ist) den Radwechsel, ohne den hinteren Kotflügel abzunehmen. Der oben beschriebene Karosseriespalt wird nun auch durch eine leicht geschwungene vertikale Zierleiste abgedeckt.

Um diesen Cabriolets ein rassigeres Aussehen zu verleihen, läßt man bei Chapron eine um 6 cm niedri-

Konsequente Übernahme der DS-Idee, die Blinker oben am hinteren Kotflügel. Rechts: Auf Sonderbestellung wird Henri Chapron bis 1974 noch einige wenige Werkscabriolets fertigstellen. Dies ist ein DS 21 injection.

Die letzte Version des „cabriolet usine", von Herbst 1967 bis 1971 als DS 21 bzw. DS 21 injection hergestellt. Rechts: Nicht schön, aber selten: Chapron-Hardtop für das Werkscabrio.

1. Version
Cabriolet „La Croisette" mit offenem Seitenspalt, 1958 und Coupé „Le Paris" in gleicher Bauweise, 1958.

2. Version
Cabriolet „La Croisette" mit schmaler Leiste über dem Spalt und den „alten" hinteren Kotflügeln, Ende 1958.

3. Version
Coupé „Le Paris" mit nun geschwungener Chromleiste über dem Kotflügelspalt, offenen Hinterrädern und „neuen" hinteren Kotflügeln, Ende 1959 / Anfang 1960.

Seitenansicht des „Le Paris".

Cabriolet „La Croisette" in gleicher Bauweise, Ende 1959 / Anfang 1960.

4. Version
Cabriolet „La Croisette" mit durchgehendem hinteren Kotflügel, Anfang 1960 bis Ende 1962.

Coupé „Concorde", Anfang 1960 bis Ende 1962.

gere Scheibe pressen. Mit Einführung der Verbundglasfrontscheibe Ende 1964 schneidet man diese einfach ab. Dies gestaltet sich bei der stark gewölbten Scheibe als nicht so einfach und erfordert harte Erdenbürgerarbeit. Da jene nicht unfehlbar sind, geht dabei stets schlicht eine von vieren kaputt. Aus diesem Grunde zieht auch so mancher Kunde dieser fast ausnahmslos auf Bestellung gebauten Autos den Einbau der normalen Frontscheibe vor, weshalb von fast allen Chapron-Göttinnen beide Varianten existieren.

Parallel zum Cabriolet „La Croisette" bietet man ein konservativ mit Coach bezeichnetes Coupé mit Namen „Le Paris" an. Mit Metalldach und stark herumgezogener Plexiglas-Heckscheibe werden an diesem Modell die oben beschriebenen Styling-Etappen genauso vollzogen. Chaprons Kreationen strotzen nur so vor Zierteilen.

Neben der Waffelblende, die mit einer dünnen und einer dicken Zierleiste eingefaßt ist, reichen breite, am Ende spitz zulaufende klotzige Zierleisten über die vorderen Kotflügel bis auf die Mitte der Türen. Und um jedem Betrachter die Verlegenheit bei der Typbestimmung zu nehmen, prangt auf jedem vorderen Kotflügel der Name der Schöpfung und der des Schöpfers, nämlich Henri Chapron. Das firmeneigene emaillierte Wappen zeigt den kastrierten Hahn, den Kapaun (französisch = chapon; fast gleichlautend mit Chapron), und wird anfangs ebenso dort, später auf der Kofferklappe placiert und von den Meistern der Pinsel und Farben in verkleinerter Form auf die Türen unterhalb der Scheibe schabloniert. Diese Herren haben auch die Aufgabe, einen feinen Zierstreifen entlang der Chromleisten zu pinseln.

Als 1960 mit der Fertigung des sogenannten Werks-Cabriolets bei Chapron begonnen wird, gibt es trotzdem genug huldigende Kunden, die gern noch einmal den Preis für einen kompletten DS drauflegen, um ein „echtes" Chapron-Modell zu besitzen. In den Jahren 1960 bis 1962 entstehen daher weitere „La Croisette"-Cabrios, deren hintere Seitenpartie man nun zu einem durchgehenden, abnehmbaren Kotflügel verschweißt hat, und neue, ebenfalls Coach genannte Coupés namens „Concorde", die den „Le Paris" ersetzen. Zusätzlich werden ein 2+2-Cabrio („Le Caddy") angeboten sowie dessen geschlossenes Pendant „Le Dandy".

Auf dem Pariser Salon im Oktober 1962 stellt Chapron dann sein Nachfolgemodell vom „La Croisette" aus: das Cabriolet „Palm Beach" (aha!). Es unterscheidet sich nun vor allem durch zwei weitere hinte-

Cabriolet „Le Caddy", hier auf DS 19-Basis, mit Limousinentüren, Anfang 1960 bis Ende 1962.

Statt Rücksitz findet man im „Le Caddy" eine Ablage, die sich zum Notsitz aufklappen läßt.

Le Caddy und rechts Coupé „Le Dandy" mit wiederum verlängerten Vordertüren, Anfang 1960 bis Ende 1962.

Cabriolet „Le Caddy", mit Limousinen-Vordertüren, Ende 1962 bis Ende 1964.

Cabriolet „Le Caddy" mit Chapron-Hardtop.

5. Version
(mit der neuen Front ab September 1962) Coupé „Le Dandy", Ende 1962 bis Ende 1964.

re Seitenfenster gegenüber dem Werks-Cabrio. Abgesehen von der besseren Sicht bei geschlossenem Verdeck entsteht der berühmte Hardtop-Effekt, wenn alle Fenster (wahlweise elektrisch) versenkt worden sind. Außerdem bietet es mehr Platz auf dem Rücksitz, da das Verdeck nun nicht mehr so weit auf die Seite herumreichen muß. Man wird dann, ausgestreckt in herrlich duftenden, mit Pfeifen genähten Ledersesseln, einen kleinen Schalter betätigen, und nach dem Lösen der Chromverschlüsse öffnet sich das Dach wie von Geisterhand. In diesem Fall elektrisch –

Coupé „Concorde", Ende 1962 bis Ende 1964.

einige Jahre später wird dieser Mechanismus eletrohydraulischer Natur sein. Man baut bis 1964 zwölf dieser „Palm Beach", zweifellos eines der schönsten DS-Modelle überhaupt.

Henri Chapron ist ein würdiger alter Herr. Knochig, aber liebenswert. Mit dem Stolz jener Handwerksmeister behaftet, die in ihrer Arbeit aufgehen, denen aber alles Bürokratische und Vertragliche fremd bleiben, ist Chapron auf die Vermittlung des Journalisten Roger Brioult angewiesen, der nach Fürsprache bei Pierre Berçot, Citroëns Generaldirektor, erreicht, daß ab Ende 1964 fahrfertige DS- und ID-Chassiseinheiten ohne Dach und hintere Karosserie zu Chapron für den Bau der Sondermodelle geliefert werden. Bis dahin mußte man stets komplette Limousinen erwerben.

Währenddessen werden neben dem „Palm Beach" auch die „Concorde", „Le Caddy" und „Le Dandy" mit der neuen Front der ID- und DS-Modelle geliefert.

Weiche Flossen

Jean Daninos, ehemaliger Designer bei Citroën unter Flaminio Bertoni und Besitzer von Facel Vega, baut neben den großen Luxuswagen mit Chrysler-Motor auch die kleine Facellia, dessen typische Heckgestaltung im Haus Chapron vorsichtig nachgeahmt wird. So erscheinen die Sondermodelle ab 1965 mit abgerundeten, weichen Heckflossen – eine Linie, die eigentlich überhaupt nicht zu diesen Autos passen will. Neben den Typen „Palm Beach", „Le Caddy" und „Le Dandy" gibt es nun einen überarbeiteten „Concorde", dessen gerade verlaufendes Dach eher den Eindruck einer zweitürigen Limousine vermittelt. 1964 und 1965 entstehen nur sechs Exemplare dieses ungewöhnlichen Modells.

Die elegante Stufenheck-Limousine „Majesty" und ein neues, kantiges Coupé, der „Le Léman" (Lac Léman = Genfer See), der gar nicht erst mit der abgeschnittenen Windschutzscheibe vorgesehen ist, vervollständigen den erlesenen Katalog.

In Spitzenzeiten arbeiten nahezu 200 Mitarbeiter in dem kleinen Atelier. Neben dem Bau der Werks-Cabrios komplettiert man dort den DS Prestige mit der Sonderausstattung und nimmt auch individuelle Umbauten an normalen ID- und DS-Modellen vor. Selbst ein Hardtop kann man dort für sein Cabriolet bekommen, sei es nun ein Cabriolet-Usine, ein „Palm Beach" oder gar ein „Le Caddy".

6. Version
(mit verändertem Heck und runden Heckflossen)
Cabriolet „Palm Beach", hier mit Chapron-Hardtop, Ende 1964 bis Ende 1967.

Coupé „Concorde", Ende 1964 bis Ende 1965.

Coupé „Le Léman", im Gegensatz zu den bisherigen Modellen ausschließlich mit normaler Frontscheibe, Ende 1964 bis Ende 1967.

Cabriolet „Le Caddy", Ende 1964 bis Ende 1967.

Coupé „Le Dandy", Ende 1964 bis Ende 1967.

Limousine „Majesty", Ende 1964 bis Ende 1967.

1968 werden nach Einführung der „Doppelscheinwerfer" noch einige wenige „Le Caddy" und „Le Dandy" mit dieser Front verkauft; desgleichen bis 1970 die „Majesty" und „Le Léman"; außerdem lassen nicht wenige Kunden die nun veraltete Frontpartie ihre Fahrzeuge modernisieren. So ist es kein Wunder, wenn später Unklarheiten über das Baujahr dieser Auto herrschen werden...

Gewöhnungsbedürftig, aber nicht ohne Reiz: die große Limousine „Lorraine" (Lothringen) mit normaler DS-Frontscheibe, geradem Dach und hartem, kantigen Abreißheck wird, wie der „Majesty" zuvor, mit und ohne Trennscheibe gebaut; insgesamt in 19 Exemplaren von 1969 bis 1974. Mit gleichem Heck wünscht sich 1972 ein Kunde den letzten „Le Léman". Sollte ein betuchter Chapron-Liebhaber zu einem späteren Zeitpunkt noch ein Coupé zu erwerben trachten, wird man ihm ein speziell angefertigtes ehemaliges Werks-Carbiolet mit fest montiertem Hardtop anbieten – auch das wird es geben. Der Umbau einer Déesse in eine viertürige Cabrio-Limousine hingegen soll kein Problem darstellen. Wem das Austauschen der DS-Dachplatte gegen einen Klapprahmen mit zwei herausnehmbaren Spiegeln und einem Rollverdeck (wie es die Ets. Ansart et Teisseire in Neuilly anbietet) nicht reicht, bekommt bei Henri Chapron den Umbau zu einem viertürigen (fast-)Cabrio, was die Bezeichnung „halbnackt" erlauben würde.

Aber ob es sich um eine Cabrio-Limousine, ein Werks-Cabrio oder um eine Spezialkreation von Chapron handelt – der Wert ist letztendlich der gleiche, denn Einzelstücke sind es alle, kein Auto gleicht dem anderen.

Henri Chapron stirbt im Mai 1978. Unter der Geschäftsführung seiner Witwe werden weiterhin Karosserieumbauten, vor allem an den großen Peugeot-Limousinen und an den CX Prestige, vorgenommen, ein wichtiger Geschäftszweig lebt von der Restaurierung der Fahrzeuge mit hauseigener Sonderkarosserie. Doch die Zeit der großen französischen Karosserieschneider ist endgültig vorbei. Im März 1986 wird das gesamte Atelier, die Werkzeuge, Ersatzteile und das Inventar, versteigert.

7. Version
mit der neuen Frontpartie mit Doppelscheinwerfern, ab September 1967. Cabriolet „Palm Beach", Ende 1967 bis 1970.
Rechts: Coupé „Le Léman", Ende 1967 bis 1970.

Cabriolet „Palm Beach" mit Chapron-Hardtop.   Limousine „Majesty", Ende 1967 bis 1969.

Cabriolet „Le Caddy", nur 1968.   Coupé „Le Dandy", nur 1968.

8. Version
Limousine „Lorraine", mit kantigem Abreißheck, 1969 bis 1974. Rechts: Coupé „Le Léman", mit gleicher Heckpartie, ein Einzelstück von 1972

Was betört mehr, das Palm-Beach-Cabrio (Ende 1962-Ende 1964) oder die Lavendelfelder?

Nur sechs Exemplare werden von dieser zweiten Baureihe des „Concorde"-Coupés 1964 und 1965 hergestellt.

Nichts ist unmöglich: als Einzelstück entsteht Anfang 1965 auf Basis des „Majesty" eine wahrhaft ungewöhnliche Limousine mit Trennscheibe. Rechts: Ein viertüriges (fast)-Cabriolet? Auch das ist bei Chapron möglich. Wie viele dieser Modelle entstehen, ist nicht bekannt.

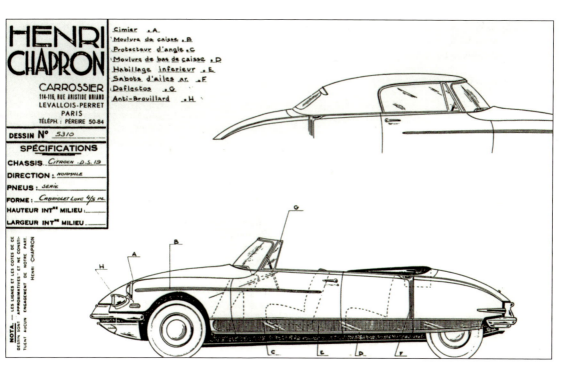

Stückzahlen der Chapron-Spezial-Karosserien auf ID- und DS-Basis

1958-1960
Cabriolet „La Croisette"	25
Coupé „Le Paris"	9

1960-1962
Cabriolet „La Croisette"	27
Coupé „Concorde"	23
Cabriolet „Le Caddy"	18
Coupé „Le Dandy"	20

1963-1964
Cabriolet „Palm Beach"	12
Coupé „Concorde"	9
Cabriolet „Le Caddy"	4
Coupé „Le Dandy"	12

1965-1967
Cabriolet „Palm Beach"	10
Coupé „Concorde" (1964 und 1965)	6
Cabriolet „Le Caddy"	10
Coupé „Le Dandy"	15
Coupé „Le Léman"	16
Limousine „Majesty"	20

1968-1970
Limousine „Présidentielle"	1
Cabriolet „Palm Beach"	8
Coupé „Le Léman"	8
Cabriolet „Le Caddy" (nur 1968)	2
Coupé „Le Dandy" (nur 1968)	2
Limousine „Majesty" (nur 1968/1969)	5
Limousine „Lorraine" (nur 1969/1970)	3

1971-1974
Limousine „Lorraine"	16
Coupé „Le Léman" (nur 1972)	1

Nicht berücksichtigt sind alle anderen, speziell in Auftrag gegebenen Um- und Neubauten; im übrigen existiert keinerlei Statistik über die Arbeiten.

Die „Anciens Etablissements d'Ansart et Teisseire", kurz AEAT, bieten einen Dachrahmen mit Rollverdeck an, der gegen das Kunststoffdach des ID oder DS ausgetauscht wird. Eine reizvolle Lösung!

Neue Dimensionen

Der DS-Présidentielle

Ein Traum in poliertem Nußbaum-Wurzelholz, feinstem beigen Leder und kantigem Chrom? Oder ein 6,53 Meter langer Alptraum von 2,66 Tonnen, den eine 100 PS starke, normale DS-Maschine zu bewegen hat? Dieser 2,13 Meter breite Koloß in gris alizé und gris d'argent, der auf Bestellung des Elysée-Palastes bei Citroën in Auftrag gegeben wird, soll ganz und gar dem Wunsch des ersten Mannes im Staate entsprechen – de Gaulle, der wie fast alle französischen Staatsoberhäupter Macht und Würde auch nach außen hin zu zeigen weiß. Es ist nicht nur die Nase des Generals, die ungewöhnliche Dimensionen aufweist...

Spätestens seit dem mißlungenen Attentat steigt er nicht gern in den Fond anderer Marken, daher verbleibt der Parade-Simca Vedette nur allzuoft in der Elysée-Garage; die zu offiziellen Anlässen zuweilen benutzte Franay-Limousine auf 15-6-Basis ist nicht mehr zeitgemäß.

So entwirft Robert Opron 1968 nach den Vorgaben der Regierungskanzlei den „1 PR 75", der nach seiner Autonummer so genannt wird. Allein um den Lincoln des amerikanischen Präsidenten (6,40 Meter) in der Länge zu übertreffen, muß der Présidentielle seine gigantischen Ausmaße erreichen – zum anderen verlangt die imponierende Größe des Generals nach einem entsprechenden Abteil. Zwei Leibwächter oder auch nette Gesprächspartner können im Fond gegenüber der üppigen Rücksitzbank Platz nehmen; ein Kühlschrank (gefüllt) und ein Radio, eine einseitig manipulierbare Gegensprechanlage und diverse Beleuchtungsmöglichkeiten sowie eine ausgeklügelte Klimaanlage bestimmen den Komfort im 1,60 Meter breiten und 1,37 Meter langen Séparée, das eine fest installierte, stark gewölbte (!) Trennscheibe zum Fahrer hin abteilt.

Um Aggregate wie Klimaanlage und Telefon mit dem nötigen Strom zu versorgen, ist das bei Henri Chapron aufgebaute Auto mit zwei Lichtmaschinen und Batterien gespickt; ein Kühlwasserkreislauf mit doppeltem Volumen und ein modifiziertes Getriebe sorgen für normale Betriebstemperatur auch bei stundenlangem Schrittfahren, selbst am Berg und im Hochsommer.

Mit nur 7.000 meist Pariser Kilometern auf dem kantigen Buckel wird dieses Monster-Unikat 1976

Mit dem Zeichen des Präsidenten: De Gaulles DS.

Wurzelholz, Leder und Chrom als Medien für avantgardistisches Design. Die Trennscheibe ist übrigens gewölbt.

Besonders schön ist es nicht geraten, dieses Unikat von Robert Opron, aber 653 cm müssen auch irgendwo bleiben.

verkauft, nicht ohne auf den wenigen Strecken seiner Präsidentenfahrten Geschichte gemacht zu haben. Wie abwechslungsreich würden doch die Fuhrparks aller Regierungschefs aussehen, entstünden die Fahrzeuge wie in diesem Fall nach Habitus und Physiognomie ihrer Insassen…

Ein Sommernachtstraum
Das Reutter-Cabriolet mit Schiebedach

In den fünfziger Jahren neigt sich die große Zeit der bekannten Karosseriefabriken ihrem Ende zu. Die Nachwirkungen des Krieges haben den Bedarf an unwirtschaftlichen Luxusautos weitgehend gen Null sinken lassen; in Frankreich und Italien läßt eine wahnwitzige Luxussteuer eine glorreiche Automarke nach der anderen sterben, und die sich überall durchsetzende selbsttragende Karosserieaufbauweise macht umfangreiche Karosserieänderungen für einen halbwegs akzeptablen Preis nahezu unmöglich.

In Stuttgart ist die Firma Reutter ansässig, bei der seit Jahren die Karosserien für die Porsche-Cabrios gebaut werden. Im Jahre 1960 erteilte Citroën-Deutschland der Firma Reutter den Auftrag zur Entwicklung eines viertürigen Cabriolets. Das Resultat ist ein bisher einmaliges Cabrio mit Schiebedach.

Im Juni 1961 erklärt Dr. E. Seifert in einem Testbericht dieses wahrhaft ungewöhnliche Fahrzeug:

„Um eine Limousine in das bei Licht- und Luft-Hungrigen so beliebte Cabriolet zu verwandeln, wird zuerst das Dach abgenommen, dann werden die Mittelpfosten bis zur Armlehnenhöhe abgesägt; ferner wird der Windschutzscheibenrahmen verstärkt und der Heckscheibenrahmen mit dem Hutablage-Blech entfernt.

Ebenfalls verstärkt wird die Vorderwand vor dem Armaturenbrett; um kleine Querschwingungen zu eliminieren, plant man noch die Längsstreben zu versteifen. Hinter den Fondsitzen wird eine stabile Querwand eingebaut, die zugleich das Hauptlager für das zusammenlegbare Verdeck bleibt, wo die Relais für die Automatik mit dem Elektromotor untergebracht sind. Die abgesägten Mittelsäulen werden zum Bodenrahmen hin verstärkt und mit der Haltemechanik versehen; das Oberteil der Mittelsäulen wird zum Einstecken in das Verdeck wieder verwendet. Nun kann das vorgefertigte Verdeck eingesetzt werden.

Um das lange Dachrahmenstück bei einem viertürigen Cabriolet kürzer zu bekommen und dadurch we-

Das Reutter-Cabriolet mit Schiebedach.

niger Verdeckglieder nötig zu haben, wurde das vordere Dachrahmenstück so ausgebildet, daß es teleskopartig verkürzt werden kann. Wird das Verdeckschloß, das sich über Kopfhöhe unmittelbar am oberen Windschutzscheibenrahmen befindet, geöffnet, kann durch Druckknopf-Betätigung am Armaturenbrett das vordere Dachrahmenstück um etwa 45 cm mit Hilfe des eingebauten Elektromotors zurückgeschoben werden. Tupft man den Hebel an, fährt das Verdeck automatisch bis zum Anschlag zurück.

Gleichzeitig wird das normale, aber fest gerahmte Heckfenster aus Plexiglas gegen das hinterste Dachrahmenteil herangefahren. In Funktion betrachtet, schiebt sich das Verdeck gleichzeitig von vorn und hinten zur Mitte zusammen. Jetzt steigt der Fahrer aus, nimmt das durch Drehstabfedern gewichtausgeglichene Verdeck zurück und legt es zusammen, so daß es in dem freigewordenen Raum verschwindet, der durch das Vorfahren des Heckfensters gebildet wurde. Nun gibt es zwei Möglichkeiten; entweder man fährt mit den beiden stehengebliebenen Mittelpfosten und hochgekurbelten Fenstern oder man entfernt die Pfosten, um völlig offen mit versenkten Scheiben die Landschaft zu genießen.

Um das Verdeck zu schließen, müssen ggf. zuerst die Mittelpfosten wieder eingesetzt und dann das Faltdach wieder hochgeschlagen werden. Tippt man auf den Hauptschalter am Armaturenbrett, verriegelt sich die Mittelsäule über einen Mitnehmer automatisch mit dem Dachrahmen.

Um den Wagen mit diesem sogenannten ‚S-Verdeck' als geschlossenes Cabriolet mit Schiebedacheffekt fahren zu können, muß die Dachkappe mit dem Windschutzscheibenrahmen verschlossen werden – erst dann ist die Betätigung des elektrischen Schiebedachs möglich."

Dieser kompliziert anmutende Mechanismus erweist sich in der Praxis als recht einfach. Trotz der geringen Umbaukosten von nur 7.500,- DM bei einer Lieferzeit bis vier Wochen werden nur sieben Exemplare hergestellt. Nur die Spur eines einzigen wird sich später verfolgen lassen.

Nachdem Porsche als Großkunde ausfällt, firmiert Reutter-Karosserie in RECARO um und wird bekannt durch die Herstellung von Sportsitzen. Nach einem Feuer werden auch die letzten Dokumente über dieses hochinteressante Auto vernichtet.

Coucou-ricou
Die Sport-DS des André Ricou

Die französischen Hähne krähen es von den Dächern: auf den kleinen Bergrennkursen von Faucille und Ventoux, aber auch beim Coup des Alpes oder auf der Neige et Glace ist der junge André Ricou zu Hause, rennbegeisterter Sproß einer ganzen Citroën-Konzessionärsfamilie in Grenoble und Chambéry.

Bereits die gewagten Umbauten der Tractions haben ihn bekannt gemacht; der neuerschienene DS 19 wird zum Objekt seiner Experimentierfreudigkeit. Aus einem der ersten in diese Gegend gelieferten DS schneidert Rico kurzerhand einen hübschen zweitürigen Rennwagen mit ultraflacher Scheibe, indem er den Radstand um 47 cm verkürzt und das Auto 12 cm tieferlegt. Anfang 1959 jedoch läßt er für dieses Auto eine völlig neue Aluminium-Karosserie bauen, in deren spitz zulaufender Schnauze der Kühler integriert ist, so daß auf einen kräfteverzehrenden Ventilator verzichtet werden kann.

Speziell für den Rennbetrieb ausgerüstet, verändert Ricou das serienmäßige halbautomatische Ge-

Ricou-DS No. 1, tiefergelegt und verkürzt.

Das DS-Coupé ist höllisch schnell, nur wenige Interessenten werden das Glück haben, einen zu bekommen.

Der Ricou-DS No. 1, 3 Jahre später. Für die Alu-Karosse hat wohl manche DS-Haube herhalten müssen ...

Wohlbekannter Krankenwagen von Heuliez

triebe derart, daß der erste und der Rückwärtsgang nur nach Betätigen eines mechanischen Kupplungshebels eingelegt werden können, und zwar durch Lösen der Feststellbremse, die mit der Kupplung gekoppelt ist und beim Treten gleichzeitig auskuppelt. Natürlich mit zwei Weber-Doppelvergasern ausgerüstet, erreicht der nur 750 kg leichte Renner mit etwa 125 PS ohne Probleme die 200-km/h-Marke.

Den gleichen derart präparierten Motor bietet Ricou auch in einem um 54,5 cm verkürzten DS Coupé an, das er erstmals auf dem Genfer Salon im Frühjahr 1959 vorstellt. In Normalausführung leistet dieser Ricou-DS 100 PS statt 75; das attraktive Sportcoupé ohne Mittelpfosten verdankt seine erstaunlichen Fahrleistungen der Firma Conrero in Turin, die mit einem überarbeiteten Zylinderkopf dem DS-Motor mehr als 170 km/h entlockt.

Ricous Unfalltod am Steuer eines Ferrari, im Alter von 39 Jahren, setzt der Weiterentwicklung dieser interessanten Autos jedoch ein jähes Ende.

Hochzeit auf italienisch

Frua/Bossaert und Gété

Der italienische Karosserieschneider Pietro Frua stellt auf dem Pariser Salon 1960 einen GT 19 genannten Sportwagen auf DS-Basis aus. Der Radstand des überaus eleganten Coupés wird um 47 cm und die Höhe des Aufbaus um 7 cm verringert; das Heck hingegen ist vollkommen neu entworfen.

Da das Auto in Frankreich einige Interessenten findet, baut der DS-Spezialist Bossaert in Météran bei Lille bis 1965 ungefähr 20 dieser Frua-Coupés. Im Laufe der Jahre wird dann allerdings die normale Frontscheibe des DS verwendet. Außerdem erfährt der GT 19 einige Karosserieretuschen und die Umstellung auf die neue Front von 1962. Zwei Weber-Doppelvergaser und eine veränderte Ansaug- und Auspuffanlage sorgen für eine deutliche Leistungssteigerung, durch Eingriffe ins Getriebe ist der 4. Gang direkter übersetzt. Im Sommer 1963 werden die Umbaukosten mit 15.500 Francs angegeben – eine normale DS Limousine kostet zu dieser Zeit 13.300 Francs.

Im letzten Jahr erhält das nun GT 21 genannte Coupé den neuen DS 21-Motor, ebenfalls in bewährter Form modifiziert.

Die Ets. Gété befinden sich genau um die Ecke – in enger Zusammenarbeit mit Bossaert wird dort ein von Frua auf gleicher Basis entworfenes Cabriolet komplettiert, mit unter einer gewölbten Scheibe verborgenen Scheinwerfern à la Jaguar E. Außerdem greift man dort die Entwürfe von André Ricou auf und baut einige wenige stark verkürzte DS-Coupés auf Limousinen-Basis sowie einige ebenso kurze Cabrios, deren formale Verwandlung aber nicht unbedingt vom allerbesten Geschmack zeugt. Nur sehr wenige dieser verstümmelten Déesse werden die nächsten Jahrzehnte überleben.

Der Original-Frua-Sport DS.

Als G.t. 19 bietet ihn Bossaert in Frankreich an.

Ein Bossaert G.T. 19 von 1963. Mittlerweile hat man den Einbau einer Original-DS-Frontscheibe vorgezogen.

Auf Basis des G.T. 19 entstehen bei Gété einige Cabriolets.

Auch dieses Cabrio ist von Gété; sicher kein Glücksgriff.

Die Idee eines leistungsstarken, verkürzten Spezial-DS nimmt auch Barbero in Italien auf. Wie bei den Rally-Prototypen von Citroën selbst wird der Radstand um 50,5 cm gekürzt; größere Ventile und eine veränderte Auspuffanlage schaffen einen Leistungszuwachs von 15 PS. Durch 200kg Gewichtsersparnis und den kurzen Radstand werden phantastische Fahrleistungen erreicht. Die genaue Stückzahl ist nicht bekannt.

Á la maison

Cabrio- und Coupé-Prototypen von Citroën

Das bei Henri Chapron gebaute DS Cabriolet steht seit 1960 im offiziellen Verkaufskatalog. In diesem Modell findet die Göttin ihre Vervollkommnung und Citroën sein Renommierobjekt. Die verschiedene Herkunft der Bauteile – teils aus Citroëns Ersatzteillager, teils von zig verschiedenen Zulieferern, teils dort auch selbst fabriziert – läßt bei Ersatzteilfragen regelmäßig ein Chaos entstehen. Da das Atelier Chapron keine Ersatzteilliste führt geschweige denn gar Ersatzteilnummern zur Verfügung hält, ist es stets ein komplizierter Weg, ein beschädigtes Teil für die Cabrios auszutauschen oder gar nachfertigen zu lassen. Erst 1964 wird ein Ersatzteilkatalog für die Cabrios angelegt; die Nummern der von Henri Chapron gelieferten Teile sind mit dem Kürzel HC versehen.

Als mögliche Alternative für die Zukunft wird in der Zwischenzeit am Quai ein eigenes Cabrio entwickelt, dessen Fahrleistungen zweifellos überzeugen, dessen Linie aber dem äußerst gelungenen Chapron-Cabriolet nicht nahekommt. Chassis und Karosserie des nur 4,30 Meter langen und 7 cm flacheren Modells mit Abreißheck und runden Rücklichtern bestehen aus Leichtmetall; wieder einmal wird die Motorleistung durch die Verwendung von zwei Weber-Doppelvergasern auf diesmal 93 PS gesteigert, weshalb eine Höchstgeschwindigkeit von 175 km/h realistisch erscheint. Große Rundinstrumente und ein Dreispei-

chen-Holzlenkrad versuchen, Anschluß an die italienischen Leitbilder zu finden; für die Verzögerung sind Scheibenbremsen an allen vier Rädern vorgesehen.

Ein Jahr später, nämlich 1965, ist ein zweiter Prototyp fertig, in dessen Motorhaube Frontscheibe und Rahmen integriert sind! Direkt vor dem Kühler findet man in einer Einheit vier Scheinwerfer zusammengefaßt – im Falle der Produktion soll die Öffnung dazu mit einer Glasscheibe verschlossen werden. Walter

Die Citroën-eigene Cabrio-Schöpfung von 1964.

Das Abreißheck ist Mode und trägt seinen Namen zu Recht.

Ein DS mit Drei-Speichen-Lenkrad; italienische Vorbilder reiben sich die Hände

Der Gitterrohrrahmen

Bevor andere überhaupt daran denken, wird hier der DS-Sicherheitstank noch effektiver entwickelt.

Leicht verkürzt und nicht unattraktiv: DS Coupé 1966. (Foto entnommen aus: „Citroën- l'histoire et les secrets de son bureau d'études" von Roger Brioult; Editions EDIFREE - La Vie de l'auto, France.)

Becchia hat einen Doppelnockenwellen-Motor mit vier Ventilen pro Zylinder entwickelt; erste Fahrversuche auf der Teststrecke in La Ferté-Vidame bestätigen Geschwindigkeiten nahe der 200-km/h-Grenze.

Ein zylindrischer 90-Liter-Tank ist in das neu konstruierte Leichtmetall-Chassis einbezogen; die Batterie hat ihren Platz im festen Rahmenteil hinter den Sitzen, die Vordertraverse fungiert gleichzeitig als Lenkungs- und Getriebehalterung.

Ein weiteres Jahr später finden sich diese interessanten Details beim Bau eines außerordentlich gelungenen Coupés wieder, dessen Front- und Heckpartie allerdings denen der Limousine entsprechen. Durch konsequente Motorverfeinerung läuft dieser 20 cm kürzere DS mit 124 PS erstmals über 200 km/h. Doch auch dieses Auto bleibt ein Einzelstück.

Leider werden die so gewonnenen Erfahrungen nicht dem Serienbau zugute kommen; vielmehr übernimmt man viele Konstruktionsmerkmale beim Bau einiger speziell präparierter Rallye-Fahrzeuge.

Wiener Blut
DS mit 6 Zylinder

In Anlehnung an die Tatsache, daß ein DS-Motor aus dem Block des 4-Zylinder-Tractions und einem modernen Querstromkopf besteht, gibt die österreichische Citroën-Generalvertretung Anfang 1960 der kleinen Motorenschmiede Smoliner und Kratky in Wien den Auftrag, für den DS einen 6-Zylinder-Motor, bestehend aus dem Block des 6-Zylinder-Tractions und zwei zusammengeschweißten DS-Querstrom-Zylinderköpfen, zu konstruieren.

In Absprache mit dem Stammwerk in Paris geht man dort sofort an die Arbeit; die Vorbereitungen

Die Sonnenblende ist Zubehör, das Rolldach original AEAT.

Zwei Auspuffrohre schnorcheln unter der Stoßstange.

dauern allerdings fast ein Jahr. Durch den Einbau stark gewölbter Kolben wird eine außerordentlich hohe Verdichtung erreicht, weshalb dieser Prototyp erstaunliche Fahrleistungen zu bieten hat. Ein serienmäßiges ID 19-Schaltgetriebe (mit Zwischenflansch) harmoniert mit der 6-Zylinder-Maschine vortrefflich; leider ragt der Motor noch weiter in den Innenraum hinein. Durch eine kleine Öffnung am Innentunnel gelangt man daher an den Carello-Verteiler. Drei Weber-Doppelvergaser sowie zwei große Rundinstrumente italienischer Bauart sind weitere auffällige Details; eine flache Hutze auf der Motorhaube sorgt für zusätzliche Kühlluft.

Leider bleibt dieses Auto ein Unikat; Citroën bekundet an der Weiterentwicklung kein Interesse, und der Initiator dieser Idee weilt nicht mehr lange unter den Lebenden. Durch einen Zufall wird es erst 16 Jahre später aus dem Dornröschenschlaf geweckt und befindet sich heute in Sammlerhand.

Die Tausendfüßler

Die außergewöhnlichen Transporter von Tissier

Die ungewöhnlich hohe Tragkraft der DS-Modelle, die hydropneumatische Federung und die Hochdruckbremse inspirieren Pierre Tissier in Villeneuve le Roi bei Paris, extrem verlängerte Transportfahrzeuge zu bauen, die mit zwei und sogar drei hinteren Achsen Autos, Boote und, mit einem geschlossenen Aufbau versehen, auch Pakete und Zeitungen transportieren.

Die Großraum-Kombiwagen mit 2 Tonnen Nutzlast erreichen immerhin noch 160 km/h und werden daher von einer der größten Zeitungs-Transportfirmen, Hollander S.A. in Paris, für die tägliche Route Paris–Frankfurt eingesetzt. Diese Konstruktionen bewähren sich so gut, daß nach Ende der DS-Produktion diese Fahrzeuge auf CX-Basis weitergebaut werden.

DS-Autotransporter mit vier Achsen.

Mit Blaulicht und Martinshorn

Nicht nur die Banditen, auch die Polizei entdeckt die Göttin. Hier ein früher ID 19 der Pariser Stadt-Polizei.

Ambulance aus Citroëns hauseigenem Katalog, aber gebaut von Ets. Currus-Camina.

Als Zeitungs-Express auf den europäischen Autobahnen unterwegs: DS-Großraumtransporter von Tissier.

Auf Landstraßen unschlagbar: Gendarmerie-DS von 1973.

Last not least

Für die französische Sendeanstalt FR3 schuf ein unbekannter Künstler diesen göttlichen Pickup.

Die Karosseriefabrik Beutler im schweizerischen Thun bietet in den Jahren 1959 und 1960 ebenfalls ein Cabriolet auf ID- und DS-Basis an, aber nur eine Handvoll wird fertiggestellt.

Monsieur Joël Poetschke aus Cannes hatte stets Probleme, sein Rennboot zu transportieren. So konstruiert er nach bester Handwerksmanier einen offenen Break-Transporter.

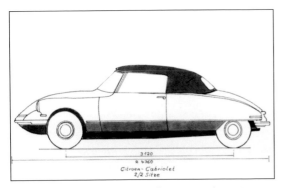

Auch das renommierte Karosseriebau-Unternehmen Autenrieth in Darmstadt beschäftigt sich mit einem DS-Cabriolet. Leider weiß niemand, ob der Entwurf realisiert wurde.

Bernard Pichon und André Parat gründeten nach dem Krieg ihre Firma Pichon-Parat und stellten alle möglichen Sonderkarosserien her. Anfang der sechziger Jahre bauen sie verschiedene DS-Coupés mit verkürztem Chassis und Doppelscheinwerfern vom Panhard 24.

Dies ist ein SM, dessen Technik sich Ende der sechziger Jahre in einem DS versteckt hat.

In engem Kontakt mit dem amerikanischen Designer Raymond Loewy wird dort der Bau eines modifizierten ID-Break geplant. Das Projekt verbleibt jedoch auf dem Papier.

Unter Staub und Lorbeerkranz

Das erfolgreiche Rallye-Abenteuer 1960 bis 1975

„Simca Aronde – Gewinner der Rallye Monte Carlo!" Diese Schlagzeile vom 26. Januar 1959 führt zu heftigen Reaktionen in Citroëns Chefetage, waren es doch die Privatfahrer Paul Coltelloni und Pierre Alexander, die mit einem nahezu serienmäßigen ID 19 Gesamtsieger wurden. Simca hingegen lag auf Platz 2. Die offizielle Richtigstellung der Simca-Schlagzeile hat einen ungeahnten Publicity-Effekt, und der Chef der Werbeabteilung, Jacques Wolgensinger, kann Generaldirektor Bercot von den Vorteilen einer offiziellen Rallye-Teilnahme überzeugen. Als Organisator wird René Cotton, bisheriger Equipe-Chef des Rennstalls Paris-Île de France, gewonnen.

Cotton stürzt sich mit Elan in seine neue Aufgabe. Innerhalb eines Jahres baut er eine Mannschaft auf, entwickelt für jede Route Fahrstrategien, läßt diese von den Piloten minutiös einhalten und wacht mit Adleraugen über alle technischen Modifikationen. Paul Coltelloni gewinnt mit seinem ID 19 im selben Jahr jede Rallye: in Griechenland die Rallye Akropolis, in Frankreich den Coup des Alpes, in Jugoslawien die Rallye Adriatique, in Belgien und Italien den Marathon de la Route, in Schweden die Viking- und schließlich in der Bundesrepublik die Deutschland-Rallye. Es ist schier unglaublich!

1958 bereits fuhr ein junger Fotograf namens Trautmann auf der Neige et Glace mit einem normalen ID allen davon. Auch André Ricou und seinen Mannen, die allesamt die bis dahin unschlagbaren, von Ricou präparierten Spezial-DS mit bis zu 125 PS pilotierten. Cotton verpflichtet Trautmann für seine Truppe und stellt ihm Guy Verrier zur Seite, einen jungen Fahrlehrer, der ebenfalls auf ID 19 eine Menge regionaler Siege heimgefahren hat.

Auf der letzten Etappe der Tulpenrallye, während der Europa-Meisterschaft 1960, liegen sie an der Spitze. In einer Kurve fliegt der ID aus der Kurve und landet an einem Baum! Doch René Cotton ist ihnen gefolgt. Er und Verrier verfrachten den angeschlagenen Trautmann auf den Beifahrersitz, ziehen den ID auf die Straße und zerren mit bloßen Händen an den verbeulten Kotflügeln, um die blockierten Räder freizubekommen. Das hat im Rallyesport noch niemand gesehen: mit aufgestelltem Dach, hochgestellter Federung und mit durch eine verbogene Tür stark eingeschränktem Wendekreis, zudem ohne Windschutzscheibe, hoppelt der ID als erster über die Ziellinie!

Männer wie Robert Neyret und Jacques Terramorsi, Pauli Toivonen und Lucien Bianchi, Jean Rolland und Jean Guichet fahren zusammen mit René Trautmann und seinem neuen Beifahrer Claude Olgier von Sieg zu Sieg. Mit Hilfe der hydropneumatischen Federung gelingt Trautmann und Olgier sowie dem Team Bianchi und Harris während der Tour de Corse 1961 die Paßüberquerung des Col de Vergio bei 40 cm Neuschnee und trotz eines umgestürzten Baumes auf der Fahrbahn – während die Etappe längst abgebrochen war und sie auf ihren DS 19 schon an erster und zweiter Stelle lagen.

1965 entsteht bei Citroën eine werkseigene Rennabteilung, denn man hat Großes vor. Nachdem fast alle europäischen Trophäen an Citroën gegangen sind, wagt man sich an das Abenteuer der weltweiten Langstrecken-Rallyes. Am 15. April starten neun DS 19 unter 90 Konkurrenten zur East-African-Safari. Nach vier Tagen und Nächten mit wolkenbruchartigem Regen erreichen gerade noch 17 Teilnehmer das Ziel, darunter fünf DS! Die an zweiter Stelle liegenden kenianischen Fahrer werden jedoch disqualifiziert, da sie einen Streckenposten übersehen haben; der 4., 5., 8. und 14. Platz aber (unter 17 wohlgemerkt!) ist den Göttinnen sicher.

Auf der über 16.000 km langen Rallye London–Sydney entgeht Lucien Bianchi knapp dem Verbrennungstod, weil ihn sein Beifahrer Olgier nach einem Zusammenstoß mit einem australischen Mini aus dem brennenden DS zieht. Etwas mehr als drei Monate später verliert er in Le Mans am Steuer eines Alfa-Romeo-Rennwagens sein Leben. Es ist der 30. März 1969. Zur gleichen Zeit erreichen auf der wahnsinnigen Rallye du Maroc von 97 gestarteten Wagen nur ganze sieben das Ziel, darunter fünf DS 21! Die Fachwelt ist sich einig: ein größerer Beweis der Zuverlässigkeit eines Automobils ist nicht möglich. Kritiker, die von Zufall sprechen, erleben ein Jahr später an gleicher Stelle sprachlos einen erneuten Doppelsieg der DS.

Doch 1970 soll das tragischste Rallye-Jahr für Citroën werden. Die Wembley-Mexico-Rallye, während der in 17 Tagen 26.000 km zurückgelegt werden müs-

Im Anzug zum Siegerfoto der Neige et Glace 1961: Trautmann/Chopin (links) und Neyret/Terramorsi.

Souverän dem Sieg entgegen: Citroën DS auf der Rallye du Maroc.

Ob er den richtigen Weg weiß ... Neyret und Terramorsi auf der East African Safari.

Das Siegerfahrzeug der Rallye du Maroc 1969. Schon wieder sind es Neyret/Terramorsi, die mit diesem verkürzten Spezial-DS allen davonfahren.

sen, scheint ein weiterer Erfolg für den DS zu werden. Als Brasilien erreicht ist, heißt es: 1. Trautmann, 3. Verrier, 5. Vanson, 7. Neyret, 14. Coltelloni und das Damenteam Claudine Trautmann/Perrier an 21. Stelle, allesamt auf DS 21 bzw. DS 21 injection. Von 96 gestarteten Fahrzeugen sind 53 ausgefallen, es bleiben noch 18.000 km. Nach Durchquerung des südamerikanischen Kontinents wird in Panama dem Team Coltelloni/Marang auf schnurgerader Straße die Vorfahrt genommen – der Zusammenstoß ist fürchterlich: Marang ist auf der Stelle tot, Coltelloni schwer verletzt. 14 Monate später verliert Citroën den wichtigsten Mann seiner Rallye-Geschichte: René Cotton erliegt einem Krebsleiden. Auch er, schreibt Jacques Wolgensinger später, konnte sein Rennen nicht zu Ende fahren...

Der Tod René Cottons wirft große Probleme für Citroën auf; für ihn einen Nachfolger zu finden, scheint aussichtslos. So präsentiert Citroën eine neue Sensation, als (wohl das erste und das letzte Mal) auf Seite 1 der Zeitung „France-Soir" die Nominierung einer Frau für diesen Posten angekündigt wird: Marlène Cotton, die ihrem Mann stets die rechte Hand war.

Unter ihrer Leitung halten die Rallye-Erfolge an, und wieder ist es die Rallye du Maroc, die Spektakuläres mit sich bringt: Als der an der Spitze liegende DS von Neyret aufgrund eines Lecks Öl verliert, steht man vor der entscheidenden Frage, in zeitraubender Aktion den Motor zu wechseln oder mit hohem Risiko weiterzufahren. Marlène Cotton läßt kurzerhand ein Loch in die Motorhaube schneiden und einen Heizungsschlauch vom Innenraum zum Ventildeckel legen, durch welchen Beifahrer Terramorsi während der Fahrt den Motor ständig mit Öl versorgen kann. Der DS wird zweiter, und Citroën holt zum vierten Mal den Pokal der Konstrukteure.

Mit Aaltonen und Waldegard gewinnt man zwei weitere Weltklassefahrer, die die Siegesserie der DS

Zwischenprüfung auf der Rallye Monte Carlo 1966.

Citroëns Beitrag zur Rallye London-Sydney: drei präparierte Göttinnen mit 100-Liter-Tank und Verstärkung, wo es nur geht.

Romaozinho/Bernardo holen sich mit diesem DS 21 Coupé den 1. Preis der Portugal-Rallye 1973.

Wie ein Schneepflug zieht Trautmann mit seinem DS durch den Schnee – Rallye de Cévennes, 1963.

fortsetzen. Ein Foto geht dann 1972 um die Welt, als Björn Waldegard auf der Eispiste von Chamonix mit einem DS-Rennsport-Prototyp den Reifen eines Vorderrades verliert – und dennoch auf drei Rädern weiterfährt und den 2. Platz belegt.

„Das satirische Zerrbild einer Automobilgesellschaft, die ihre Grenzen sucht und ganz eindeutig findet", schreibt der Stern 1974 zur mörderischen Weltcup-Rallye, deren von manischem Gigantismus befallene Veranstalter letztlich eine Farce inszeniert hatten, „kann seine Akteure selbst nicht verletzen". Nein, auch dann nicht, wenn – wie bei Afrika-Rallyes durchaus üblich – von 52 gestarteten Mannschaften nur fünf das Ziel erreichen, aufgrund mangelnder Organisation nicht wenige der Teilnehmer messerscharf am Verdursten vorbeikommen und drei Tage vor Rallyeschluß noch schnell das Reglement geändert wird, weil man befürchtet, sonst überhaupt kein Auto im Ziel zu sehen.

Unangefochten und im Vertrauen auf die problemlose Technik ihres DS 23 führt von Anfang an das Team Welinski/Tubman/Reddiex und erreicht nach 18.000 km und sieben zerfetzten Reifen das Ziel, das Münchner Olympia-Stadion, ohne die geringste technische Panne.

Als gelte es, ihrem Namen gerecht zu werden, hat die Déesse auf ihrem Weg in die Automobilgeschichte souverän den letzten großen Sieg ihrer Laufbahn errungen. Im imaginären Museum des Autorennsports ist ihr ein Platz unter dem Lorbeerkranz sicher.

Eine Frau als Rennleiter: Marléne Cotton.

Rallye Bandama 1972.

Mit nur drei Reifen noch den 2. Platz belegen, das kann nur ein DS! Dieses Foto mit Björn Waldegard im DS-Prototyp mit SM-Mechanik auf der Eispiste von Chamonix 1972 macht Geschichte!

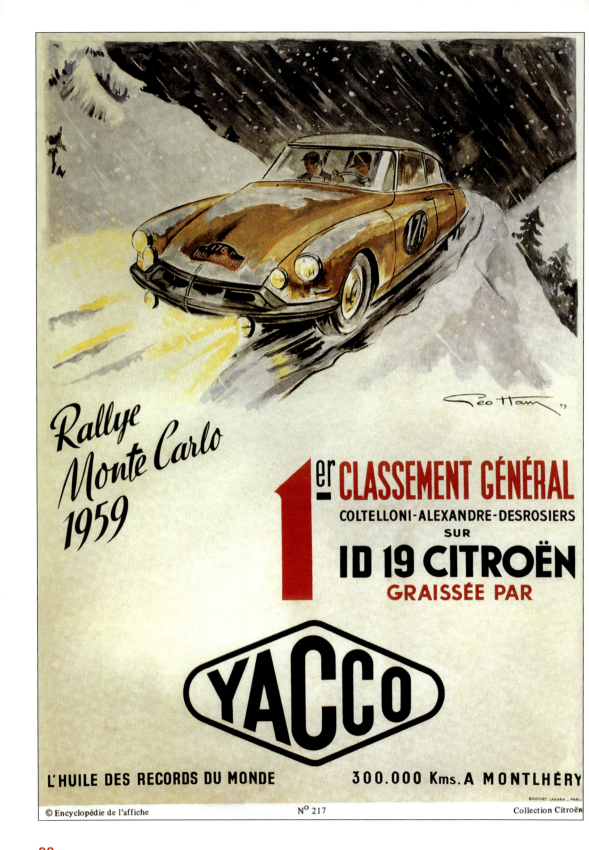

Die Rally-Erfolge der ID- und DS-Modelle

1959
- Rallye Monte Carlo: 1. Coltelloni/Alexandre/Desrosiers auf ID 19 (gleichzeitig Klassensieg), 4. Marang/Badoche auf ID 19 (2. in der Fahrzeugklasse), 17. Trautmann/Richard auf ID 19.
- Neige et Glace: 2. Trautmann/Trautmann auf ID 19 (1. in der Fahrzeugklasse), 8. Barde/Achard auf ID 19.
- Routes du Nord: 5. Barbier/Margo auf ID 19, 6. Marang/Bardoche auf ID 19, 11. Coltelloni/Desrosiers auf ID 19.
- Rallye Alger le Cap: 2. Gendebien/Gend. auf ID 19.
- Rallye de Printemps: 1. Klassensieger Delangue/Dessard auf ID 19.
- Rallye Lyon-Charbonnières: 14. Gery/Vende auf ID 19 (gleichzeitig Klassensieg), 16. Leal/Dassaud auf ID 19 (2. in der Fahrzeugklasse).
- Rallye du Petrol: 4. Julien/Audibert auf ID 19 (gleichzeitig Klassensieg), 8. Trautmann/Trautmann auf ID 19 (2. Klassensieger), 13. Couderc/Bazin auf ID 19 (3. Klassensieger).
- Rallye du Sud-Ouest: 6. Domingue/Cantet auf ID 19.
- Rallye Paris-Île de France: 4. Desrosiers/Boussageon auf ID 19 (Klassensieg), 9. Coltelloni/Coltelloni auf ID 19 (3. Klassensieger).
- Rallye Lorraine-Alsace: 8. Boullier/Picut auf ID 19 (gleichzeitig Klassensieg).
- Rallye Akropolis: 8. Coltelloni/Desrosiers auf ID 19 (gleichzeitig Klassensieg).
- Rallye Mont-Blanc: 5. Trautmann/Leal auf ID 19 (gleichzeitig Klassensieg) 9 Marang/Badoche auf ID19
- Rallye de Saintes: 1. Mannereau auf ID 19, 4. Ardon auf ID 19, 7. Amiot auf ID 19.
- Rallye Salon de Provence: 3. Julien/Audibert auf ID 19 (gleichzeitig Klassensieg), 8. Pons/Bouvier auf ID 19 (2. Klassensieger), 9. Couderc/Dubreuil auf ID 19 (3. Klassensieger).
- Coup des Alpes: 17. Coltelloni/Desrosiers auf ID 19 (gleichzeitig Klassensieg).
- Rallye Adriatic: 1. Coltelloni/Houel auf ID 19.
- Rallye Viking: 1. Coltelloni/Desrosiers auf ID 19.
- Marathon de la Route: 3. Coltelloni/Marang auf ID 19 (gleichzeitig Klassensieg).
- Deutschland-Rallye: 4. Coltelloni/Houel auf ID 19 (gleichzeitig Klassensieg).
- Tour de Corse: 9. Simonetti/Marchetti auf ID 19 (gleichzeitig Klassensieg).

1960
- Rallye Monte Carlo: 10. Marang/Badoche auf DS 19 (3. Klassensieger), 12. Coltelloni/Alexandere auf ID 19 (5. Klassensieger), 32. Peyrot/Marion auf ID 19 (gleichzeitg Klassensieg).
- Neige et Glace: 1. Dussert/Rouet auf DS 19 (gleichzeitig Klassensieg), 5. Trautmann/Chopin auf ID 19 (gleichzeitig Klassensieg), 9. Oreiller/Masoero auf ID 19.
- Rallye Marseille-Provence: 6. Habert/Decimo auf ID 19 (gleichzeitig Klassensieg), 11. Courtes/Bagarey auf ID 19, 10. Allemand/Laurent auf ID 19.
- Tulpenrallye: 1. Verrier/Trautmann auf ID 19, 3. Marang/Badoche auf ID 19.
- Rallye de Genève: 2. Trautmann/Ogier auf ID 19.
- Rallye Paris-Île de France: 3. Trautmann/Desrosiers auf ID 19 (gleichzeitig Klassensieg).
- Coupe des Alpes: 6. Trautmann/Ogier auf DS 19.
- Ralye des Violettes: 1. Klassensieger Clarou/Gerard und Vanson/Mothe auf ID 19.
- 1000-Seen-Rallye Finland: 9. Trautmann/Ogier auf ID 19 (gleichzeitig Klassensieg), 11. Aalto/Walliu auf ID 19 (2. Klassensieger).
- Marathon de la Route: 7. Verrier/Badoche auf ID 19 (gleichzeitig Klassensieg), 8. Vanson/Wagner auf DS 19 (gleichzeitig Klassensieg).
- Polen-Rallye: 1. Klassensieger Trautmann/Ogier auf ID 19.
- Tour de France Auto: 1. Klassensieger Verrier/Badoche auf ID 19.
- East African Safari: 2. Temple/Boreham auf ID 19 (gleichzeitig Klassensieg).
- Rallye Cévennes: 1. Trautmann/Ogier auf ID 19 (gleichzeitig Klassensieg), 9. Vanson/de Rolland auf ID 19 (2. Klassensieger).
- Deutschland-Rallye: 2. Trautmann/Ogier auf ID 19 (gleichzeitig Klassensieg).
- Toer de Corse: 9. Simonetti/de Susini auf ID 19 (3. Klassensieger), 17. Vanson/de Rolland auf ID 19 (2. Klassensieger).
- Tour de Belgique: 1. Klassensieger Trautmann/Jourdain auf ID 19.
- Great-Britain-Rallye: 1. Klassensieger Marang/Badoche auf ID 19, 2. Klassensieger Bolton/Shanley auf ID 19.
- Rallye du Pétrole: 2. Trautmann/Ogier auf ID 19 (gleichzeitig Klassensieg).
- Kambodscha-Rallye: 1. Laquemant/Laq. auf DS 19.
- Gewinnerin der französischen Rallye-Meisterschaft: Claudine Vanson auf ID 19.

- Gewinner der französischen Rallye-Meisterschaft: Jean Galou auf ID 19 (Anfängerpreis).
- Gewinner der französischen Rallye-Meisterschaft und Gewinner der Rallye-Europameisterschaft: René Trautmann auf ID 19.

1961
- Rallye Monte Carlo: 19. Trautmann/Ogier auf DS 19 (gleichzeitig 1. der Gruppe 1).
- Rallye Algier-Centralafrique: 1. Klassensieger Buchmann/Buchmann und Soisbault/Cancre auf ID 19.
- Neige et Glace: 3. Rolland/Augias (gleichzeitig Klassensieg), 4. Vanson/Vallier auf DS 19, 6. Ogier/Neyret auf DS 19, 7. Baboulin/Dupont auf ID 19, 8. Raymond/Murienne auf ID 19, 9. Pierre/Poncet auf ID 19.
- Panafrican-Rallye: 3. Frere/Vinatier auf ID 19 (gleichzeitig Klassensieger), 4. Gendebien/Bianchi auf ID 19, 12. Soisbault/Cancre auf ID 19.
- Rallye des Routes du Nord: 4. Trautmann/Ogier auf DS 19 (gleichzeitig Klassensieg), 8. Vanson/Vallier auf ID 19, 10. Marang/Badoche auf DS 19 (gleichzeitig Klassensieg).
- Rallye Algier-Centralafrique
- Rallye Lyon-Charbonnières: 3. Trautmann/Mme Vallier auf DS 19 (gleichzeitig Klassensieger), 6. Rolland/Augias auf DS 19, 14. Mme Vanson/Derolland auf ID 19.
- Rallye du Limousin: 1. Klassensieger Mme Vanson/Vallier auf ID 19 sowie Trautmann/Chopin auf ID 19.
- Critérium Jean-Behra: 1. Klassensieger Poncet/Vivalda auf ID 19.
- Rallye de Printemps: 1. Klassensieger Boullier/Cadario auf ID 19, 2. Kayser/Pierrat auf ID 19.
- Rallye Akropolis: 1. Klassensieger Neyret/Neyret auf ID 19.
- Mille Miglia: 1. Rolland/Augias auf DS 19, 2. Trautmann/Ogier auf ID 19, 4. Mme Vanson/Wagner auf ID 19, 5. Neyret/Terramorsi auf ID 19, 6. Verrier/Jourdan auf DS 19, 7. Toivonen/Aaltonen auf ID 19 (alle Gruppe 1), 3. und 4. Gesamtsieger Rolland/Augias und Trautmann/Ogier.
- Rallye du Mont-Blanc: 1. Klassensieger Trautmann/Chabert auf DS 19, Damencoup Vanson/Wagner auf DS 19.
- Mittsommernachtsrallye: 1. Klassensieger Trautmann/Ogier auf DS 19.
- Rallye Senegal: 3. Ghiringhelle/Favarel auf ID 19.
- Tour de l'Oise: 1. Klassensieger Verrier/Verrier auf DS 19.
- Coupe des Alpes: 1. Trautmann/Ogier (gleichzeitig

Zwei 2 CV-Sitze bieten den Piloten offenbar optimalen Sitzkomfort, die Kopfstütze ist Original-DS. Sicherheitsgurte, ein Speedometer und Knöpfe für zig Beleuchtungen (Rückfahrscheinwerfer, Motor- und Kofferraumbeleuchtung etc.) vervollständigen die Ausstattung. Für den schnellen Gebrauch ist der Höhenverstell-Hebel verlängert.

Einer der drei ID für die Rallye Algier/Zentralafrika. Statt der Rücksitze ist ein zusätzlicher 55-Liter-Tank eingebaut mit Einfüllstutzen in der C-Säule, der Motor ist mit einem Ölbad-Luftfilter versehen, solide Abschlepphaken sind mit dem Chassis verschweißt.

Klassensieg) auf ID 19, 4. Bianchi/Harris auf DS 19, 9. Jourdain/Haggbom (gleichzeitig 2. Klassensieger) auf DS 19.
- Marathon de la Route: 1. Bianchi/Harris (gleichzeitig 1. Klassensieger) auf DS 19, 3. Neyret/Terramorsi (gleichzeitig 1. Klassensieger) auf ID 19, 5. de Langeneste/Burglin auf DS 19.

- Tour de France Auto: 6. Mme Bouchet/Mme Kissel (gleichzeitig 1. Klassensieger) auf ID 19.
- Deutschland-Rallye: 1. Klassensieger Trautmann/Vanson auf ID 19.
- Tour de Corse: 1. Trautmann/Ogier auf DS 19, 2. Bianchi/Harris auf DS 19, 15. Mme Vanson/Barbe auf ID 19.
- Criterium des Cévennes: 8. Trautmann/Vanson (gleichzeitig 1. Klassensieger) auf DS 19.
- René Trautmann gewinnt die europäische Rallye-Meisterschaft auf DS 19. Lucien Bianchi gewinnt den Belgien-Pokal der internationalen Rallyes 1961 auf DS 19 und den „Claude Storez"-Pokal.

1962
- Rallye Monte Carlo: 7. Neyret/Terramorsi (gleichzeitig 1. Klassensieger) auf DS 19, 13. Guichet/Clement (gleichzeitig 2. Klassensieger) auf DS 19, 14. Trautmann/Bouchet (gleichzeitig 3. Klassensieger) auf DS 19.
- Neige et Glace: 1. Klassensieger Trautmann/Chopin auf DS 19 und Neyret/Terramorsi auf DS 19.
- Rallye des Routes du Nord: 1. Klassensieger Trautmann/Jourdain auf DS 19, Bianchi/Bianchi auf DS 19 und Mme Bouchet/Mme Hummel auf DS 19.
- Rallye de Norwège: 1. Toivonen/Kallio auf DS 19, 3. Unnerud/Paulsen auf ID 19.
- Rallye Mistral: 1. Trautmann/Mme Bouchet auf ID 19.
- Rallye Lyon-Charbonnière: 3. Neyret-Verilhac (gleichzeitig 1. Klassensieger) auf DS 19, 4. Verrier/Alec auf DS 19.
- Rallye Akropolis: 3. Trautmann/Laurent auf DS 19, 7. Neyret/Terramorsi auf DS 19.
- Coupe des Alpes: 2. Trautmann/Chopin (gleichzeitig 1. Klassensieger) auf DS 19, 3. Klassensieger Verrier/Badoche auf DS 19.
- Mitsommernachtsrallye: 1. Klassensieger Toivonen/Kallio auf DS 19.
- Internationale Alpine: 1. Trautmann/Cherel auf DS 19.
- Deutschland-Rallye: 3. Trautmann/Mme Bouchet auf DS 19.
- Rallye du Mont-Blanc: 1. Klassensieger Moynet/Dyon auf DS 19 und Mme Bouchet/Vallier auf DS 19.
- 1000-Seen-Rallye: 1. Toivonen/Kallio auf DS 19.
- Marathon de la Route: 2. Coltelloni/Marang (gleichzeitig 1. Klassensieger) auf DS 19, 4. Verrier/Badoche (gleichzeitig 3. Klassensieger) auf DS 19, 7. Mme Bouchet/Mme Kissel auf ID 19.
- Tour de Corse: 8. Trautmann/Burgraff (gleichzeitig 1. Klassensieger) auf DS 19, 11. Verrier/Simonetti auf DS 19.
- Criterium des Cévennes: 6. Trautmann/Mme Bouchet (gleichzeitig 1. Klassensieger) auf DS 19.
- Finnland-Rallye: 1. Toivonen/Jarvi auf DS 19.
- Rallye Fleurs et Parfum: 1. Trautmann auf DS 19.

1963
- Rallye Monte Carlo: 2. Toivonen/Jarvi (gleichzeitig 1. Klassensieger) auf DS 19, 4. Bianchi/Ogier auf DS 19, 5. Neyret/Terramorsi auf DS 19, 7. de Langeneste/du Genestoux auf DS 19, 10. Verrier/Alec auf DS 19.
- Rallye des Routes Nord: 1. Klassensieger Bianchi/Ickx auf DS 19 und Trautmann/Bouchet auf DS 19.
- Rallye de Norwège: 1. Toivonen/Jarvi auf DS 19 (gleichzeitig 1. Klassensieger), 5. Unneruf/Agnald auf DS 19.
- Rallye Lyon-Charbonnières-Stuttgart: 1. Trautmann/Karaly (gleichzeitig 1. Klassensieger) auf DS 19, 2. Neyret/Terramorsi (gleichzeitig 2. Klassensieger) auf DS 19, 3. Verrier/Jourdain (Gleichzeitig 3. Klassensieger) auf DS 19, Damenpokal Mme Bouchet/Mme Vallier auf DS 19. Citroën gewinnt den Pokal der Konstrukteure.
- Internationale Alpine: 1. Trautmann/Bouchet auf DS 19.
- Rallye Akropolis: 7. Toivonen/Murnimaa auf DS 19, 8. Verrier/Badoche auf DS 19, 10. Trautmann/Ogier auf DS 19, 20. Bouchet/Vallier auf DS 19.
- Damenrallye Paris-St. Raffael: 1. Pointet/Dutel auf DS 19 (gleichzeitig 1. Klassensieger), 9. Pierrat/Schmidt auf DS 19.
- Rallye de Lorraine: 1. Trautmann/Bouchet auf DS 19 (gleichzeitig 1. Klassensieger), Damenpokal Kaiser/Pierrat auf DS 19.
- Coupe des Alpes: 1. Klassensieger Trautmann/Cherel auf DS 19 (gleichzeitig 4. Gruppensieger), 6. Gruppensieger Verrier/Jourdain auf DS 19.
- Rallye du Mont-Blanc: 1. Klassensieger Trautmann/Laurent auf DS 19, Damenpokal Bouchet/Spiredi auf DS 19.
- Rallye National de Quest: 1. Gruppensieger Verrier/Jourdain auf DS 19.
- Marathon de la Route: 3. Bianchi/Ogier (gleichzeitig Klassensieger) auf DS 19, 5. de Langeneste/Bertaut auf DS 19.
- Rallye du Petrol: 6. Bianchi/Ogier (gleichzeitig Klassensieger) auf DS 19.

- Tour de Corse: 3. Bianchi/Ogier (gleichzeitig Klassensieger) auf DS 19, 4. Verrier/Rives (gleichzeitig Klassensieger) auf DS 19, Damenpokal und 6. Mme Bouchet/Mme Pointet (gleichzeitig 2. Klassensieger) auf DS 19.
- Criterium des Cévennes: 2. Trautmann/Mme Bouchet (gleichzeitig Klassensieger) auf DS 19, 4. Gruppensieger Bianchi/de Montaigu auf DS 19.

1964
- Rallye Monte Carlo: 12. Trautmann/Chabert (gleichzeitig Klassensieger) auf DS 19.
- Routes du Nord: 13. Bianchi/Ogier (gleichzeitig 3. Klassensieger) auf DS 19.
- Neige et Glace: 4. Trautmann/Rives (gleichzeitig 1. Gruppensieger) auf DS 19, 2. und Damenpokal Mme Bouchet/Mme Charmasson auf DS 19.
- 12 Heures de Huy: 4. Bianchi (gleichzeitig 2. Gruppensieger) auf DS 19.
- Rallye Akropolis: 2. Ogier/Groll (gleichzeitig 2. Klassensieger) auf DS 19, 6. Vanson/Joly (gleichzeitig 2. Klassensieger) auf DS 19.
- Coupe des Alpes: 3. Ogier/Mme Pointet auf DS 19, 4. Verrier/Joly auf DS 19.
- Marathon de la Route: 5. Neyret/Terramorsi (gleichzeitig 1. Klassensieger) auf DS 19, 7. Verrier/Coltelloni (gleichzeitig 2. Klassensieger) auf DS 19, 11. Bianchi/Ogier (gleichzeitig 4. Klassensieger) auf DS 19, 12. Richard/Laurent (gleichzeitig 5. Klassensieger) auf DS 19. Citroën gewinnt den Pokal der Konstrukteure.
- Tour de Liban: 1. Caporal/Philippine auf DS 19.
- Rallye Lyon-Charbonnières-Stuttgart: 1. Bianchi auf DS 19.
- Bianchi wird belgischer Rallye-Meister auf DS 19.

1965
- Rallye Monte Carlo: 7. Neyret/Terramorsi (gleichzeitig 3. Klassensieger) auf DS 19, 12. Ogier/Servoz (gleichzeitig 3. Klassensieger) auf DS 19, 16. Verrier/Pasquier (gleichzeitig 4. Klassensieger) auf DS 19, 23. Bianchi/Demortier (gleichzeitig 4. Klassensieger) auf DS 19, 25. und Damenpokal Mme Pointet/Mme Houillon gleichzeitig 5. Klassensieger) auf DS 19.
- Rallye du Routes du Nord: 9. Gruppensieger Ogier/Pointet auf DS 19, 13. Bianchi/Vic auf DS 19.
- Neige et Glace: 3. Bianchi/Vic (gleichzeitig Klassensieger) auf DS 19, 4. Neyret/Terramorsi (gleichzeitig 2. Klassensieger), 6. Ogier/Servos/Gavin (gleichzeitig 2. Klassensieger), auf DS 19, Damenpokal Mme Pointet/Mme Derolland auf DS 19.
- East African Safari: 4. Neyret/Terramorsi auf DS 19, 5. Bianchi/Jarves auf DS 19, 8. Verrier/Vanson auf DS 19, 14. Mme Pointet/Mme Houillon auf DS 19.
- Rallye Akropolis: 6. Vanson/Joly (gleichzeitig 2. Klassensieger) auf DS 19.
- Rallye du Mont-Blanc: 1. Klassensieger Ogier auf DS 19.
- Coupe des Alpes: 2. Klassensieger Ogier/Ogier auf DS 19, 3. Klassensieger Neyret/Vehrillac auf DS 19.
- Rallye Angola: 1. Klassensieger Machado/Falcao auf DS 19.
- Rallye de Saint-Cloud: 1. Klassensieger Laurent/Marche auf DS 19.

1966
- Rallye Monte Carlo: 1. Toivonen/Mikander (gleichzeitig 1. Klassensieger) auf DS 21, 4. Neyret/Terramorsi auf DS 21, 7. Verrier/Pasquier auf DS 21, 9. Laurent/Marche auf DS 21, 12. Rolland/Augias auf DS 21, 13. Ogier/Ogier auf DS 21, 47. und Damenpokal Mme Pointet/Fougeray auf DS 21.
- Rallye des Routes du Nord: 1. Klassensieger Bianchi/Gauvain auf DS 21, 2. Klassensieger Verrier/Syda auf DS 21.
- Neige et Glace: 6. Verrier/Syda (gleichzeitig 1. Klassensieger) auf DS 21, 8. Ogier/Ogier (gleichzeitig 2. Klassensieger) auf DS 21, 9. Bianchi/Gauvain (gleichzeitig 2. Klassensieger) auf DS 21, 23. und Damenpokal Mme Pointet/Mme Houillon auf DS Prototyp.
- Rallye Lyon-Charbonnières-Stuttgart: 5. Verrier/Syda (gleichzeitig 2. Klassensieger) auf DS 21.
- Rallye du Limousin: 2. Verrier/Verrier (gleichzeitig 1. Klassensieger) auf DS 21.
- Rallye de Genève: 4. Verrier/Syda (gleichzeitig 1. Klassensieger) auf DS 21, 5. Bianchi/Vic (gleichzeitig 2. Klassensieger) auf DS 21.
- Coupe des Alpes: 8. Bianchi/Delferrier (gleichzeitig Klassensieger) auf DS 21, 10. Neyret/Terramorsi (gleichzeitig 2. Klassensieger) auf DS 21, 12. Verrier/Syda (gleichzeitig 3. Klassensieger) auf DS 21, 13. und Damenpokal Mme Pointet/Mme Fougery (gleichzeitig 4. Klassensieger) auf DS 21.
- Rallye Flandre/Mainaut: 5. Bianchi/Delferrier (gleichzeitig 1. Gruppensieger) auf DS 21.

1967
- Rallye Monte Carlo: 20. Verrier/Syda (gleichzeitig 4. Klassensieger) auf DS 21, 31. Bianchi/Delferrier (gleichzeitig 5. Klassensieger) auf DS 21, 33. Mme

Pointet/Fougeray (gleichzeitig 6. Klassensieger und 2. im Damenpokal) auf DS 21, 52. Slotemker/Van der Geest (gleichzeitig 9. Klassensieger) auf DS 21, 60. Neyret/Terramorsi (gleichzeitig 1. Klassensieger) auf DS 21, 64. Ogier/Pompanon (gleichzeitig 1. Klassensieger) auf DS 21.
- Rallye de Bourgogne: 10. Pointet/Arnaud (gleichzeitig 3. Klassensieger) auf DS 21.
- Neige et Glace: 1. Neyret/Terramorsi (gleichzeitig 1. Klassensieger) auf DS 21, 3. Verrier/Syda (gleichzeitig 1. Klassensieger) auf DS Prototyp.
- Rallye des Fleurs: 6. Ogier/Mme Pointet (gleichzeitig 1. Klassensieger) auf DS 21.
- Rallye Laon-Charbonnières: 5. Neyret/Terramorsi (gleichzeitig 1. Klassensieger) auf DS 21, 6. Ogier/Mme Pointet (gleichzeitig 2. Klassensieger) auf DS 21.
- Rallye du Forez: 3. Mme Pointet/Arnaud (gleichzeitig 1. Klassensieger) auf DS Prototyp.
- Rallye Shell 4000: 6. Ogier/Mme Pointet (gleichzeitig 2. Klassensieger) auf DS 21.
- Ronde Cevenole: 8. Neyret/Capdevila (gleichzeitig 1. Klassensieger) auf DS 21, 9. Ogier/Ogier (gleichzeitig 2. Klassensieger) auf DS Prototyp, 8. und 2. des Damenpokals Mme Pointet/Mme Arnaud auf DS Prototyp.
- Coupe des Pyrénées: 4. Mme Pointet/Veron (gleichzeitig 2. Klassensieger) auf DS Prototyp.
- Rallye de Genève: 4. Mme Pointet/Veron (gleichzeitig 1. Klassensieger) auf DS Prototyp, 7. Neyret/Terramorsi (gleichzeitig 1. Klassensieger) auf DS 21.
- Coupe des Alpes: 7. Neyret/Terramorsi (gleichzeitig 1. Klassensieger) auf DS 21, 12. Verrier/Syda (gleichzeitig 1. Klassensieger) auf DS Prototyp.
- Rallye du Mont Blanc: 8. Mme Pointet/Veron (gleichzeitig 3. Klassensieger) auf DS Prototyp.
- Rallye du Roussillon: 9. Mme Pointet/Veron (gleichzeitig 1. Klassensieger) auf DS 21.
- Tour de Corse: 13. Neyret/Terramorsi (gleichzeitig 1. Klassensieger) auf DS 21.
- Rallye du Vivarais: 7. Mme Pointet/Veron (gleichzeitig 1. Klassensieger) auf DS 21.
- Rallye du Pétrole: 6. Mme Pointet/Veron (gleichzeitig 1. Klassensieger) auf DS 21.
- Rallye des Cévennes: 22. Mme Pointet/Veron (gleichzeitig 2. Klassensieger) auf DS 21.
- Rallye de Cannes: 4. Mme Pointet/Veron (gleichzeitig 1. Klassensieger) auf DS 21.
- Citroën gewinnt den Pokal der Konstrukteure 1967.

1968
- Rallye Monte Carlo: 19. Ogier/Ogier (gleichzeitig 2. Klassensieger) auf DS 21, 21. Neyret/Terramorsi (gleichzeitig 3. Klassensieger) auf DS 21, 59. Bianchi/Delferrier (gleichzeitig 4. Klassensieger) auf DS 21.
- Neige et Glace: 4. Neyret/Terramorsi (gleichzeitig 1. Klassensieger) auf DS Prototyp, 5. Ogier/Ogier (gleichzeitig 1. Klassensieger) auf DS 21, 8. Mme Pointet/Veron (gleichzeitig 2. Klassensieger und Gewinner des Damenpokals) auf DS Prototyp.
- Rallye San Remo: 11. Ogier/Mme Pointet (gleichzeitig 1. Klassensieger) auf DS 21.
- Automobil Economy Run: 3. Maurel/Fouillet auf DS 21, 6. Gatsonides/Gatsonides auf ID 21 Break.
- Rallye du Forez: 5. Pouderoux/Vincent (gleichzeitig 1. Klassensieger) auf DS 21, 8. Mme Pointet/Veron (gleichzeitig 3. Klassensieger) auf DS Prototyp.
- Rallye de Lorraine: 25. Ogier/Mme Pointet (gleichzeitig 2. Klassensieger) auf DS 21.
- Rallye Paris-St. Raffael: 2. Mme Pointet/Veron (gleichzeitig 1. Klassensieger) auf DS Prototyp.
- Ronde Cévenole: 6. Gruppensieger Ogier auf DS 21, 7. Gruppensieger Neyret auf DS 21.
- Tour de Corse: 1. Klassensieger Neyret/Syda auf DS Prototyp.
- Marathon London-Sydney: 9. Neyret/Terramorsi auf DS 21.
- Rallye du Portugal: 6. Bochnicek/Erwin auf DS 21, 12. Mme Pointet/Veron auf DS 21.

1969
- Neige et Glace: 11. Salomon/Saintigny (gleichzeitig 1. Klassensieger) auf DS 21, 24. Mme Pointet/Veron (gleichzeitig 5. Klassensieger) auf DS 21, 28. Bochnicek/Murac (gleichzeitig 1. Klassensieger) auf DS Prototyp.
- Rallye du Maroc: 1. Neyret/Terramorsi (gleichzeitig 1. Klassensieger) auf DS 21, 2. Verrier/Murac (gleichzeitig 1. Klassensieger) auf DS 21, 3. Ogier/Mme Veron (gleichzeitig 1. Klassensieger) auf DS 21, 5. Vanson/Joly auf DS 21.
- Safari Caledonien: 1. Mme Pointet/Ogier auf DS 21.
- Rallye Angola: 1. Machado auf DS 21.
- Tour de Portugal: 1. Romaozinho/Jocames auf ID 20.
- Rallye du Forez: 9. Pouderoux/Vencent (gleichzeitig 1. Klassensieger) auf DS 21.
- Österreichische Alpenfahrt: 7. Bochnicek/Kernmayer (gleichzeitig 2. Klassensieger) auf DS 21.
- Coup des Alpes: 8. Ogier/Mme Pointet (gleichzeitig

1. Klassensieger) auf DS Prototyp, 10. Neyret/Mme Veron (gleichzeitig 2. Klassensieger) auf DS Prototyp, 11. Pouderoux/Coze (gleichzeitig 1. Klassensieger) auf DS 21, 14. Raymond/Pierre (gleichzeitig 2. Klassensieg) auf DS 21.
- Rallye du Portugal: 1. Romaozinho/Jacames auf DS Prototyp, 18. Bochnicek/Kernmayer (gleichzeitig 3. Klassensieger) auf DS 21.

1970
- Rallye Monte Carlo: 14. Pouderoux/Vincent (gleichzeitig 1. Klassensieger) auf DS 21 Inj., 18. Verrier/Murac (gleichzeitig 2. Klassensieger), auf DS 21 Inj., 45. Salomon/Saintigny (gleichzeitig 5. Klassensieger) auf DS 21 Inj.
- 1. Ronde Hivernale Chamonix: 1. Verrier auf DS 21 Inj. (gleichzeitig 1. Klassensieger), 2. Neyret (gleichzeitig 2. Klassensieger) auf DS 21, 5. Salomon auf DS 21.
- Rallye du Maroc: 1. Neyret/Terramorsi (gleichzeitig 1. Klassensieger) auf DS 21 Coupé, 2. Consten/Todt (gleichzeitig 1. Klassensieger) auf DS 21.
- Rallye d'Australie: 1. Ogier/Mme Pointet auf DS 21.
- Rallye du Pétrol: 4. Luc/Ruissy (gleichzeitig 2. Klassensieger) auf DS 21 Inj.
- Rallye international d'Antibes: 5. Luc/Ruissy (gleichzeitig 1. Klassensieger) auf DS 21 Inj.
- Wembley-Mexico: 7. Vanson/Turcat auf DS 21 Coupé, 24. Trautmann/Perrier auf DS 21, 26. Coltelloni/Marang auf DS 21.
- Ronde Cévenole: 14. Verrier (gleichzeitig 1. Klassensieger) auf DS 21.
- Rallye du T.A.P.: 5. Romanzinho/Costa Simors (gleichzeitig 2. Klassensieger) auf DS 21.

1971
- Rallye Infernal: 1. Verrier/Verrier auf DS 21, 5. David/Cotel auf DS 21, 8. Sartiaux/Gedehem auf DS 21, 23. Dujardin/Joly auf DS 21.
- Ronde Hivernale de Chamonix: 3. Mazet auf DS Prototyp, 5. Wollek auf DS Prototyp.
- Tour du Portugal: 3. Romanzinho/Costa Simors (gleichzeitig 1. Klassensieger) auf DS 21 Inj.
- Rallye du Maroc: 3. Consten/Motte (gleichzeitig 1. Klassensieger) auf DS 21, 4. Neyret/Terramorsi auf DS 21.
- Criterium des Cévennes: 19. Trautmann/Leyssieux auf DS 21 Coupé.
- Tour Automobil du Senegal: 3. Lablanche auf D Super.

- Neige et Glace: 4. Trautmann/Leyssieux (gleichzeitig 1. Klassensieger) auf DS 21 Inj., 3. Wollek/Delannoy auf DS 21 mit SM-Motor.

1972
- Rallye de Janvier: 5. Bochnicek/Kernmayer (gleichzeitig 1. Gruppensieger) auf DS Prototyp.
- Rallye Monte Carlo: 19. Romanzinho/Morais (gleichzeitig 1. Klassensieger) auf DS 21 Inj.
- Rallye du Maroc: 2. Neyret/Terramorsi (gleichzeitig 1. Klassensieger) auf DS 21, 3. Ponelle/de Serpos (gleichzeitig 1. Klassensieger) auf DS 21.
- Rallye R.A.C.: 17 Bochnicek/Taylor auf DS 21.

1973
- Rallye T.A.P.: 3. Romanzinho/Bernardo (gleichzeitig 1. Klassensieger) auf DS 21.
- Rallye du Maroc: 2. Neyret/Terramorsi (gleichzeitig 1. Klassensieger) auf DS 23, 3. Bochnicek/Kernmayer (gleichzeitig 1. Klassensieger) auf DS 23, 4. Ponelle/de Serpos (gleichzeitig 2. Klassensieger) auf DS 23, 8. Deschaseaux/Plassard (gleichzeitig 2. Klassensieger) auf DS 23.
- Rallye Akropolis: 6. Bochnicek/Kernmayer (gleichzeitig 1. Klassensieger) auf DS 23.
- Rallye Bandama: 3. Bochnicek/Kernmayer (gleichzeitig 1. Klassensieger) auf DS 23.

1974
- World-Cup Rallye: 1. Welinsky/Tubman/Reddiex auf DS 23 (gleichzeitig 2. Klassensieger), 6. Vanson/Jacky (gleichzeitig 2. Klassensieger) auf DS 23.

1975
- Rallye du Maroc: 4. Deschaseaux/Plassard (gleichzeitig 1. Klassensieger) auf DS 23.

1976
- Rallye du Portugal: 19. Lapie/Guerton (gleichzeitig 4. Klassensieger) auf DS 23.

Im Dschungel der Technik

Die hydraulische Anlage

Grundsätzlich wird zwischen zwei verschiedenen Hydrauliksystemen unterschieden, nämlich dem sogenannten „roten" und dem „grünen". Von Anbeginn der DS-Produktion im Oktober 1955 bis zum September 1966 wurde eine synthetische Hydraulikflüssigkeit verwendet. Bis 1964 empfahl Citroën u.a. die roten Flüssigkeiten von HF und Pentosin, die wegen ihrer Farbe dem System seinen Namen gaben. Diese Hydraulikflüssigkeiten wiesen allerdings den Nachteil des raschen Verharzens auf, weshalb ab September 1964 (und bis September 1966) die ebenfalls synthetische, aber fast farblose, leicht nach Ammoniak riechende Flüssigkeit LHS 2 benutzt wurde. LHS 2 und die anderen empfohlenen roten Hydraulikflüssigkeiten sind untereinander mischbar (LHS = liquide hydraulique synthetique).

Bei den Fahrzeugen mit diesem sogenannten „roten" System sind Federkugeln, der Flüssigkeitsbehälter und die Rücklaufschläuche schwarz, die sogenannten Dichttüllen, die die Verbindungen von Stahlrohrleitungen zu den hydraulischen Organen abdichten, rot.

Die LHS 2 neigt weniger zum Verharzen, hat aber den Nachteil der Hygroskopie, was bedeutet, daß, wie bei einer Bremsflüssigkeit, im Laufe der Zeit Wasser angezogen wird, so daß sowohl der Siedepunkt sinkt als auch die Korrosionsgefahr in den Aggregaten zunimmt. Aus diesem Grunde ist es ratsam, die Flüssigkeit mindestens einmal im Jahr zu wechseln.

Im September 1966 erfolgte die Umstellung auf die sogenannte „grüne" Hydraulikflüssigkeit mineralischer Basis mit der Bezeichnung LHM. Die Flüssigkeit selbst ist leuchtend grün; bei den Fahrzeugen (von September 1966 bis zum Produktionsende 1975) mit grüner Flüssigkeit sind die Federkugeln, der Flüssigkeitsbehälter und die meisten Aggregate grün lackiert, Rücklaufschläuche und Dichttüllen sind ebenfalls grün (LHM = liquide hydraulique mineralogique).

Diese Flüssigkeit ist nicht so hygroskopisch wie die LHS 2, es empfiehlt sich totzdem, die Flüssigkeit im Zwei-Jahres-Turnus zu wechseln. Aufgrund ihrer mineralischen Basis kann die grüne LHM im Notfall durch ein Motoröl hoher Viskosität ersetzt werden.

Die für den Export in die USA bestimmten Fahrzeuge behielten aufgrund dortiger Zulassungsprobleme bis 1968 das „rote" Hydrauliksystem.

Unter keinen Umständen dürfen die beiden Flüssigkeiten LHS 2 und LHM untereinander gemischt werden; ebensowenig darf grüne LHM-Flüssigkeit in ein sogenanntes „rotes", also für synthetische Flüssigkeit vorgesehenes System gefüllt werden, wie auch die synthetische LHS 2 niemals in ein „grünes", also ein für mineralische Flüssigkeit vorgesehenes System gelangen darf.

Erfahrungsgemäß ist aber notfalls die Verwendung einer „grünen" Hochdruckpumpe in einem „roten" System für eine gewisse Zeit möglich.

Ein versehentliches Mischen der beiden Flüssigkeiten hat die schnelle Zerstörung aller Gummiteile zur Folge. Der Grad der Zerstörung hängt vom Mischungsverhältnis sowie von der Zeit ab, wie lange das Auto mit dieser Mischung gefahren ist.

Ist die Mischung erst vor kurzer Zeit erfolgt und zeigt das Hydrauliksystem keine anormalen Funktionserscheinungen, so ist eine Reinigung sinnvoll. Zu diesem Zweck ist der Behälter zu entleeren, nachdem man ihm soviel Flüssigkeit wie möglich aus den Kreisläufen zugeführt hat. Bei Fahrzeugen mit einem „roten" System dieses mit Hexylen-Glycol durchspülen. Bei Fahrzeugen mit einem „grünen" System dieses mit Motorreinigungsöl, Vaselinöl oder LHM durchspülen. Federelemente sowie den Hauptdruckspeicher kontrollieren, indem man den Zustand der Membranen prüft; dann ihre Gasdrücke sowie den des Bremsdruckspeichers kontrollieren. Es ist notwendig, nach Entlüften der Anlage die Flüssigkeit noch zweimal zu wechseln.

Falls die Mischung bereits vor längerer Zeit erfolgte und Defekte an der hydraulischen Anlage zu bemerken sind, müssen sämtliche Aggregate demontiert und alle Dichtungen und Gummiteile ersetzt werden. Haupt- und Bremsdruckspeicher sowie die Federelemente sind ebenfalls auszuwechseln. Vor dem Zusammenbau müssen sämtliche Organe und Rohrleitungen mit Benzin (grün) und mit Alkohol (rot) gespült werden.

Der Aufbau der beiden Hydrauliksysteme ist im wesentlichen gleich, daher soll sich die folgende Beschreibung der hydraulischen Anlage nur mit dem „grünen" System befassen.

Die gläserne Göttin

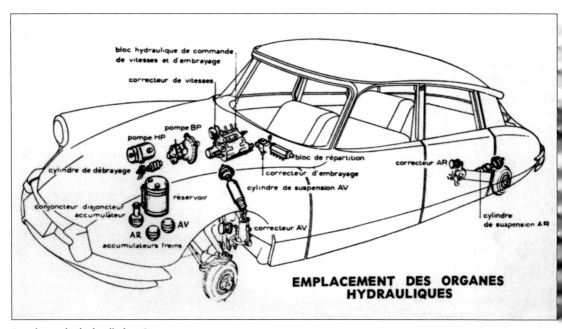

Anordnung der hydraulischen Organe

Luft und Wasser, stellvertretend für Gas und Flüssigkeit, deren sich ein DS bedient, um über alle Unebenheiten hinwegzugleiten, und der Wind, dem sich diese Aerodynamik völlig hingibt, statt sich ihm entgegenzusetzen, sind oft benutzte Bilder, um den DS im Einklang mit den Elementen darzustellen.

Daß die hydraulische Anlage in ihrer Gesamtheit so ausgewogen funktioniert, ist von hochkomplizierten Steuerungen und Vorgängen abhängig, deren Funktionen an dieser Stelle erklärt werden sollen.

Die Hochdruckpumpe sorgt für den notwendigen Druck im Hydrauliksystem. Um die Funktion der hydraulischen Anlage zu gewährleisten, muß ein Mindestdruck in den Kreisläufen aufrechterhalten bleiben. Um den Stillstand der Pumpe bei jeder Anforderung von unter Druck stehender Flüssigkeit zu vermeiden, speichert man ein bestimmtes Flüssigkeitsvolumen unter einem höheren als dem Mindestdruck. Während der Zeit, in der der Druck zwischen dem Speicherdruck und dem Mindestdruck liegt, fördert die Pumpe die Flüssigkeit drucklos zum Behälter; dies ist die Ruhezeit der Pumpe. Die Speicherung der Flüssigkeit unter Druck erfolgt durch den Hochdruckspeicher. Die Mindest- und Höchstdrücke werden bestimmt durch den Druckregler, der die Abgabe der Pumpe lenkt: entweder zum Hauptdruckspeicher (unter Druck) oder zum Behälter (ohne Druck).

Es gibt zwei Arten von Hochdruckpumpen: die Einzylinderpumpe (nur bei ID 19 und ID 20 ohne Servolenkung) und die „7-Stempel-Pumpe". Die Einzylinderpumpe ist am Motorgehäuse befestigt und wird von der Nockenwelle angetrieben, die „7-Kolben-Pumpe" ist am Kupplungsgehäuse befestigt und wird durch Keilriemen angetrieben.

Der Hauptdruckspeicher verbessert den Funktionsablauf, indem er bei hoher Anforderung schnell Flüssigkeit liefert, der Pumpe eine Leerlaufzeit gestattet und häufige Ein- und Abschaltungen verhindert.

Die Speicherkugel ist durch die Membrane in zwei Hälften geteilt, wobei die eine mit Stickstoff unter Druck befüllt ist, die andere, mit dem Druckregler in Verbindung, die Hydraulikflüssigkeit aufnimmt.

Die Membrane besteht aus synthetischem Gummi, ist zwischen beiden Kugelhälften befestigt und sorgt für deren Dichtigkeit. Weiterhin ist ein Metallteller an der Membrane angebracht. Beim Fehlen der Flüssigkeit füllt der Stickstoff das gesamte Volumen aus und drückt die Membrane gegen die Wandung und den Teller auf seinen Sitz. Die Druckspeicher sind durch eine Zahl gekennzeichnet, die auf dem Einfüllstropfen eingeschlagen ist: 40 bei den Typen ID 19 B (DV) und ID 20 (DT) mit Bremsventilblock, 65 bei allen anderen DS.

Der Druckregler garantiert einen Mindestdruck, der für das korrekte Funktionieren der Organe erforderlich ist, und einen Maximaldruck, um ein ausreichendes Speichervolumen im Druckspeicher zu behalten und den Maximaldruck der Pumpe zu begrenzen.

Die hydropneumatische Federung ist auf zwei Elemente aufgebaut: Gas und Flüssigkeit. Das Gas, also Stickstoff, stellt das elastische Element der Federung dar, die Flüssigkeit dient als Verbindung zwischen den nicht gefederten Teilen des Fahrzeuges und dem Gas.

Die Karosserie ruht auf vier Federelementen, je eines an jedem der vier Räder des Fahrzeuges. Jedes Federelement besteht im wesentlichen aus einer Kugel und einem Zylinder. Der Stickstoff wird in eine Kugel gefüllt, die ähnlich der des Hauptdruckspeichers gebaut ist. Die Flüssigkeit befindet sich in einem Gesamtteil Kolben/Zylinder, auf welches die Kugel verschraubt ist. Sie gewährleistet die Verbindung zwischen den Kolben und der verformbaren Membrane der Kugel. Der Federzylinder ist mit dem Fahrzeugaufbau verbunden, aber nicht starr befestigt, seine Halterung ist durch zwei Sicherungsschrauben vorn und ein Halteblech gewährleistet. Der Kolben ist durch den Federungsstößel mit dem Rad verbunden. An jedem Federelement sitzt ein Stoßdämpfer. Er ist in die Kugel eingeschraubt und trennt diese vom Zylinder.

Da das Volumen der Kugel begrenzt ist, wäre eine nicht unter Druck stehende Stickstoffmenge unzureichend, um die Schwingungen der Räder und der Karosserie wirkungsvoll zu dämpfen. Diese Bedingung wird dadurch erfüllt, daß man zu Beginn ein großes Gasvolumen in die Kugel einbringt. Dieser Druck ist übrigens wegen der Gewichtsverteilung zwischen den vorderen und hinteren Federelementen verschieden.

Wenn keine Beanspruchung vorliegt, unterliegen Stickstoff und Flüssigkeit auf beiden Seiten der Membrane dem gleichen Druck. Dieser wird durch das getragene Gewicht bestimmt: Er ist gleich bei den beiden Federelementen der gleichen Achse, aber vorn und hinten unterschiedlich.

Trifft das Rad auf ein Hindernis, verschiebt sich der Kolben im Federzylinder. Handelt es sich um ein der Fahrbahnebene vorstehendes Hindernis, so wird die

Flüssigkeit, die der Federzylinder enthält, in die Kugel gedrückt und der Stickstoff wird komprimiert. Handelt es sich hingegen um ein Loch in der Fahrbahn, so entspannt sich der Stickstoff, die Flüssigkeit dringt aus der Kugel in den Federzylinder zurück. Die Kompression oder die Entspannung des Stickstoffs verhindert, daß die durch den Stoß hervorgerufene Energie an die Karosserie weitergegeben wird. Ist das Hindernis passiert, nimmt der Druck wieder seinen Ausgangswert und der Kolben seine Ausgangsstellung ein.

Die Stoßdämpfung wird erzielt durch Abbremsung des Flüssigkeitsflusses zwischen Zylinder und Kugel und umgekehrt; sie erfolgt durch ein System von verformbaren Plättchen, die die Durchgangsöffnung für die Flüssigkeit verschließen.

Die Höhenkorrektur erlaubt, automatisch eine konstante Bodenfreiheit aufrechtzuerhalten, ganz gleich, wie die Belastung sich verändert. Sie erfolgt durch zwei gleiche Korrektoren (eine pro Achse), die von Pumpe und Druckregler gespeist werden. Jeder Korrektor wird durch ein mechanisches System über den Stabilisator betätigt, welches die automatische Höhenverstellung darstellt. Außerdem wirkt eine mechanische Handverstellung auf beiden Betätigungen. Es handelt sich bei dem Höhenkorrektor um einen Verteiler (Dreiwegehahn), der je nach der Stellung des Schiebers den Verwendungskreislauf (Federzylinder) mit der Zufuhr (HD-Pumpe) und mit dem Auslaß (Behälter) in Verbindung bringt oder den Verwendungskreislauf von Zufuhr und Auslaß abschließt.

Verteilung und Rückstau des Federungsdruckes werden einmal durch einen Druckverteiler (bis Dezember 1967 bei allen DS-Modellen außer ID 19 B DV) erreicht, zum zweiten durch ein Sicherungsventil (ab Dezember 1967 bei allen Modellen außer ID 19 B DV und ID 20 DT).

Der Druckverteiler ist eine Drei-Wege-Verbindung, welche gestattet, den Druck zur hinteren und vorderen Federung zu verteilen. Er ist mit zwei Rückschlagventilen ausgerüstet, welche die Federung von der Druckquelle isolieren, wenn diese ohne Druck ist.

Bei Fahrzeugen mit hydraulischer Schaltung und Kupplung hat der Druckverteiler Ventile, deren Federn jeweils auf verschiedene Drücke reagieren. Das vordere Ventil öffnet sich, wenn der Druck 7 kp/cm² erreicht, während das hintere sich erst bei einem Druck von 35 kp/cm² öffnet. Da der Wert des Fülldruckes der vorderen Federelemente 59 und der der hinteren Federelemente 26 beträgt, ergibt sich daraus, daß die von der Hochdruckpumpe herkommende Flüssigkeit zunächst die Kupplung betätigt und dann die Federung.

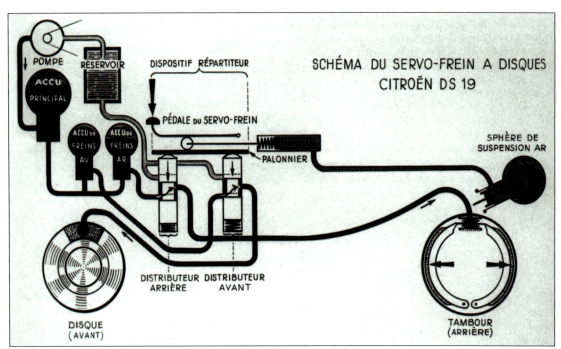

Schema der Bremsanlage 1959

Bei Fahrzeugen mit mechanischer Schaltung und Kupplung reagieren die beiden Ventile des Druckverteilers gleichmäßig bei einem Druck von 7 bar.

Das Sicherheitsventil hingegen weist vier Wege auf, von denen zwei (Zufuhr zum vorderen und hinteren Korrektor) bei Fehlen von Druck durch einen Schieber verschlossen sind. Wenn Druck in den Kreisläufen entsteht, so besteht Versorgungsvorrang der Vorderbremsen. Wenn der Druck ausreicht (110-130 kp/cm^2), um die Wirkung der Rückholfeder des Schiebers zu überwinden, so verschiebt sich letzterer und gibt die Öffnungen für die Zufuhr zum vorderen und hinteren Höhenkorrektor frei.

Alle Federkugeln der geschraubten Art haben die gleichen Abmessungen. Auf dem Füllstopfen eingeschlagene Zahlen gestatten, sie zu identifizieren: vordere Kugeln alle Typen 59, hintere Kugeln Limousine 26, hintere Kugeln Break 37. Ab 11/74 wurden die D-Modelle mit kleineren, geschweißten Kugeln ausgeliefert: Vordere Kugeln alle Typen 75, hintere Kugeln Limousine 38. Die Kombi-Versionen behielten bis zuletzt die geschraubten Kugeln mit 37 bar.

Es gibt drei Modelle von Federzylindern: vorn alle Typen 35 Durchmesser, Befestigung durch Schrauben, hinten Limousine, 35 Durchmesser, Befestigung durch Halteblech, hinten Break, 40 Durchmesser, Befestigung durch Halteblech.

Die Höhenkorrektoren vorn und hinten sind bei allen Modellen gleich.

Bremsen Die ID- und DS-Modelle sind vorn mit Scheibenbremsen und hinten mit Trommelbremsen ausgerüstet. Es existieren zwei Bremssysteme: die Bremsung mit Pedal und die Bremsung mit dem pilzförmigen Bremskopf. Mehrere gemeinsame Besonderheiten kennzeichnen beide Systeme: die Kreisläufe für Vorder- und Hinterradbremsen sind getrennt, die Kreisläufe für die Hinterradbremsen werden durch den hinteren Federungsdruck versorgt (diese Versorgung gestattet, den Maximalbremsdruck auf den hinteren Kreislauf zu begrenzen). Weiterhin besteht eine Druckreserve am vorderen Kreislauf. Es gibt einen Bremsdruckspeicher bei Fahrzeugen mit pilzförmigem Bremsknopf, einen Hauptdruckspeicher bei Fahrzeugen mit Pedal. Die Bremskraft wird unterschiedlich auf die Achsen verteilt (abhängig vom hinteren Federdruck selbsteinstellender Bremskraftverteiler bei Fahrzeugen mit Bremsknopf; kein Bremskraftverteiler bei Fahrzeugen mit Pedal).

Bremsung mit Bremsknopf Der vordere Bremskreislauf wird durch den vorderen Federungsdruck versorgt. Der Bremsdruckspeicher ist serienmäßig in diesen Kreislauf eingebaut. Der hintere Bremskreislauf wird durch den hinteren Federungsdruck versorgt, ebenso wie der Bremskraftverteiler.

Der Bremshebel trägt den Bremsknopf, der mit einer pilzförmigen Kappe überzogen ist. Der hydraulische Bremsventilblock umfaßt zwei gleiche Bremsventile. Ihre Schieber sind durch eine Bremskraftverteilerplatte miteinander verbunden. Die auf den Bremshebel ausgeübte Kraft wird durch die beweglichen Rollen „A" auf die Verteilerplatte übertragen.

Im Ruhestand ist der Verwendungskreislauf mit dem Rücklauf verbunden, eine Rückholfeder bringt den Schieber in Ruhestellung. Ein Warnlichtschalter kontrolliert den Druck im Bremsdruckspeicher durch Aufleuchten einer Kontrolleuchte am Armaturenbrett, wenn dieser Druck zwischen 60 und 80 kp/cm^2 liegt.

Wirkt der Fahrer auf den Bremsknopf ein, so wird die Kraft T über die Rolle „A" auf die Bremskraftverteilerplatte übertragen. Die Schieber werden bewegt, verschließen den Auslaß und geben dann den Einlaß frei. Es bilden sich im vorderen und hinteren Bremskreislauf die Drücke p und p1. Diese beiden Drücke wirken ebenfalls unter den Schiebern (in Kammer B), bilden einen Gegendruck zur Kraft T und gleichen diese Kraft aus (T=[p+p1]a). Die Summe der beiden Drücke steht im Verhältnis zur abgegebenen Kraft und ist unabhängig vom Zufuhrdruck. Durch unterschiedlichen Fußdruck auf den Bremsknopf dosiert der Fahrer die Bremskraft.

Der Bremskraftverteiler Bei einem Druck von 60 kp/cm^2 im Verteilerzylinder wird die Kraft T auf die Mitte der Verteilerplatte abgegeben. Die Drücke im vorderen und hinteren Bremskreislauf sind gleich (p=p1), doch ist die Bremskraft von der Konstruktion her vorn höher. Der Durchmesser der vorderen Bremskolben beträgt 60 mm. Der Durchmesser der Kolben im hinteren Radbremszylinder beträgt 18 mm bei allen Typen außer Break, 20 mm bei Break.

Wenn der Druck in der hinteren Federung ansteigt, verschiebt sich der Kolben des Verteilers und nimmt die Rollen „A" mit. Der Angriffspunkt der Kraft T verschiebt sich zum hinteren Ventil. Da die Kraft F1 nun stärker ist als F, ist der Bremsdruck in diesem Fall hinten höher als vorn (p1 höher als p), und das Übergewicht der Bremskraft vorn nimmt ab.

Bremsung mit Bremspedal Der vordere Bremsdruck wird durch die HD-Quelle, der hintere Bremskreislauf durch die hintere Federung versorgt.

Das Sicherheitsventil umfaßt im wesentlichen vier Wege, von denen zwei (vordere und hintere Federung) beim Fehlen von Druck durch einen Schieber verschlossen sind. Ein Flüssigkeitsrücklauf bringt die Flüssigkeitsverluste zwischen Schieber und Ventilkörper zum Behälter. An diesem Ventil ist der Warnlichtschalter befestigt.

Der Bremsventilblock umfaßt zwei Bremsventile. Die Schieber dieser beiden Ventile liegen hintereinander. Sie weisen am Umfang Rillen auf, die einen Druckausgleich gestatten und Seitenkräfte vermindern.

Die Schieber werden durch Federn in Ruhestellung gebracht und gehalten. Zu bemerken ist, daß in Ruhestellung die Verwendungskreisläufe mit einem gemeinsamen Rücklauf in Verbindung sind.

Sicherheitsventil Wenn die Kreisläufe unter Druck gesetzt werden, wird zuerst die Versorgung der vorderen Bremsen sichergestellt. Nachdem der Druck auf 70 bis 90 kp/cm^2 angestiegen ist, wird der Schieber, der unter der Kraft einer Rückholfeder steht, verschoben und gibt dann erst die Zufuhröffnungen der vorderen und hinteren Federung frei. Der Schieber hat eine Sicherheitsrolle: Er isoliert im Bedarfsfall die Federungskreisläufe von der Hochdruckpumpe.

Bremsventilblock Tritt der Fahrer auf das Bremspedal, so wird der Schieber des Bremsventils der vorderen Bremsen bewegt, er verschließt den Auslaß und gibt dann den Einlaß frei. Weiterhin entsteht Druck im Kreislauf der vorderen Bremsen. Der gleiche Druck p entsteht in der Kammer hinter dem Schieber. Jetzt bleibt der Schieber des Bremsventils der hinteren Bremse so lange stehen, bis der Druck stark genug ist, um eine Feder zusammenzudrücken. Ist dieser Druck überschritten, beginnt der Schieber des Bremsventils der hinteren Bremse sich zu verschieben. Er verschließt den Auslaß und gibt dann den Einlaß frei. So entsteht ein weiterer Druck p1 im Kreislauf der hinteren Bremsen und in der Kammer hinter dem Schieber.

Dieser Druck p1 übt nun auf den Schieber eine Kraft aus, die diejenige ausgleicht, die auf die andere Fläche durch den in der ersten Kammer herrschenden Druck ausgeübt wird. Der Schieber der hinteren Bremsen nimmt seine Stellung ein, der regulierte Druck p1 des Schiebers stabilisiert sich. Daher reguliert sich der im Bremskreislauf herrschende Druck p, nachdem der Schieber seine Stellung eingenommen hat.

Die in den Kreisläufen der Vorder- und Hinterradbremsen herrschenden Drücke stehen im Verhältnis zu ausgeübter Kraft und sind unabhängig von den Zufuhrdrücken. Indem der Fahrer seinen Druck auf das Pedal dosiert, dosiert er die Bremskraft.

Die vorrangige Bremsdruckversorgung ist gewährleistet, indem sich der Druck zunächst im vorderen Bremskreislauf aufbaut. Erreicht dieser Druck einen genügend hohen Wert, um die Feder zu komprimieren, werden die Hinterradbremsen versorgt. Die vorrangige Versorgung ist unabhängig von der Belastung des Fahrzeuges. Die Druckabweichung bleibt bestehen, ganz gleich, welche Kraft auf das Bremspedal einwirkt.

Der Hauptdruckspeicher übernimmt ebenfalls die Funktion des Bremsdruckspeichers. Aus diesem Grunde ist seine Druckreaktion schwächer (40 anstatt 65 kp/cm^2) als beim normalen Hauptdruckspeicher. Diese ergibt eine höhere Bremsdruckreserve.

Die hydraulisch unterstützte Zahnstangenlenkung besteht im wesentlichen aus der hydraulischen Zahnstangenbetätigung und dem Lenkventilkopf. Bei der Zahnstangenbetätigung handelt es sich um ein Gesamtteil Kolben/Zylinder. Der Druck wirkt, je nach Lenkeinschlag, auf die eine oder andere Kolbenfläche. Der Kolben ist mit der Zahnstange verbunden.

Die beiden Schieber der Lenkventile (eine für jede Kolbenfläche) sind durch eine Betätigungsgabel mit dem Lenkrad verbunden. Da diese Lenkventile den Bewegungen des Lenkrades folgen, ist die hydraulische Verbindung zwischen den stehenden Teilen (Druckankunft und Druckauslaß) und den drehenden Teilen (Lenkventile) durch den Verteilerkopf gesichert.

Ist eine Einwirkung auf das Lenkrad vorhanden, ist die Betätigungsgabel an beiden Schiebern im Gleichgewicht, und die Einlaßöffnungen der Ventile sind verschlossen. Bei Einwirkung auf das Lenkrad: eine Drehung des Lenkrades entspricht bei den Lenkventilen einer Bewegung der Schieber im Verhältnis zu den Buchsen. Einer der Schieber senkt und der andere hebt sich. Der sich senkende Schieber bringt den Hochdruck mit dem Lenkungszylinder in Verbindung.

Der sich hebende Schieber hingegen bringt die andere Fläche des Kolbens mit dem Auslaß in Verbindung.

Verschiebt sich die Zahnstange nach dem Festhalten etwas, so nimmt sie über das Ritzel die Buchsen der Ventile so mit sich, daß die Einstoßbewegung des Schiebers stets das Bestreben hat, sich zu annullieren. Solange der Fahrer auf das Lenkrad einwirkt, hält er die Schieber unter Druck. Ist diese Aktion abgeschlossen, nehmen die Buchsen ihre Gleichgewichtsstellung im Verhältnis zu den Schiebern wieder ein, und die Zahnstange verschiebt sich nicht weiter.

Ein Restdruck wird beiderseits des Kolbens aufrechterhalten, wenn sich das Lenkrad in Ruhestellung befindet. Dieser Druck wird von den Ventilen geliefert, und sein Wert entspricht der Positionsstellung der Schieber in ihren Buchsen (Einstellung der Drucküberschneidung).

Aus diesem Grund überträgt sich jede Aktion am Lenkrad sofort in der Zahnstangenbetätigung durch Erhöhung des Druckes an einer Kolbenfläche und ein Absinken des Druckes an der anderen Fläche. Die Verschiebung der Zahnstange erfolgt somit unmittelbar.

Um eine mechanische Verbindung ohne Druck zu gewährleisten, besitzt die Gabel zwei Zapfen, die das Zahnstangenritzel unmittelbar betätigen. Diese Zapfen sitzen mit Spiel in ihrer Lagerung. Das Spiel ist so bemessen, daß es unter Druck die Betätigung der Schieber, ohne Druck die Betätigung des Zahnstangenritzels gestattet, bevor die Schieber sich am Boden der Buchsen befinden. Das Spiel wird unter Druck nicht empfunden, denn der Restdruck, welcher sich ebenfalls unter den beiden Schiebern auswirkt, hält diese mit der Gabel in Kontakt.

Die hydraulische Getriebe- und Kupplungsbetätigung ist von zwei Hauptorganen abhängig, nämlich dem Schaltblock und dem Fliehkraftregler. Der Schaltblock gewährleistet die Auskupplung in Neutralstellung und das Schalten eines jeden Gangs von der Neutralstellung aus. Beim Schalten betätigt er in folgender Reihenfolge das Auskuppeln, das Herausnehmen des vorher eingelegten Gangs, das Einlegen des gewählten Gangs und das Wiedereinkuppeln.

Die verschiedenen Teile, die den Schaltblock bilden, sind der Schieber für den Gangwähler, die Kolben für die automatische Kupplungsbetätigung und die Synchronkolben.

Handkupplungsbetätigung Ist der Schieber in Position „Normalfahrt", ist die Zufuhr von Druck für den Schaltblock hergestellt. Ist der Schieber in Position „eingekuppelt", so verschließt der Schieber die Zufuhr zum Schaltblock und verbindet den Kupplungskreislauf mit dem Rücklauf zum Behälter. In dieser Position des Schiebers ist das Fahrzeug eingekuppelt, was u. a. ermöglicht, den Motor mit der Handkurbel anzudrehen oder die Ventile einzustellen.

Befindet sich die Position des Schiebers für die Handkupplungsbetätigung in Normalstellung, so ist die Zufuhr für den Schieber des Gangwählers verschlossen und der Durchgang zum Kupplungszylinder (durch den Block) geöffnet, bevor die Versorgung des Schaltblocks mit Hydraulikflüssigkeit gewährleistet ist.

Erfolgt schließlich die Versorgung, so funktioniert der Schieber als Druckregler, und das Auskuppeln findet unter einem Druck von 50 bis 70 kp/cm^2 statt. In seiner Reglerstellung gestattet der Schieber die Versorgung des Schiebers für den Gangwähler (durch den Mengenregler hindurch). Das Fahrzeug ist bei laufendem Motor in Neutralstellung ausgekuppelt.

Schalten des 1. oder des Rückwärtsgangs Durch Betätigung des Schalthebels bringt der Schieber für den Gangwähler den Kreislauf des gewählten Gangs mit der Hochdruck-Versorgung in Verbindung. Der Druck steigt gleichzeitig im Schaltkreislauf (Betätigungszylinder der Schaltgabelachsen) und im Kreislauf der Kolben für die automatische Kupplungsbetätigung. Die Kolbenflächen und die Kraft der zu überwindenden Federn sind so ausgelegt, daß der Druck zuerst die Verschiebung der Schaltgabelachse bis zum Eingreifen des Ganges und dann, wenn der Druck weiter steigt, die Verschiebung des Kolbens für die automatische Kupplungsbetätigung hervorruft.

Der Schieber für die Kupplungsbetätigung kann nur zwei Stellungen einnehmen, nämlich die für normale Fahrt (Schieber eingedrückt) und die eingekuppelte Stellung (Schieber gezogen).

Schalten des 2., 3. oder 4. Gangs Steht der Kreislauf des gewählten Gangs mit der Hochdruck-Versorgung in Verbindung (durch den Schieber des Gangwählers), so steigt der Druck gleichzeitig im Kreislauf für die Gänge (Betätigungszylinder der Schaltgabelachsen), im Kreislauf der Kolben für die automatische Kupplungbetätigung und im Kreislauf der Synchronkolben. Aus gleichen Gründen wie vorher erfolgen die verschiedenen Phasen in nachstehender Reihenfolge: Verschiebung der Schaltgabelachse bis zur Kontaktherstellung der Synchronkonusse der einzuschaltenden Getrieberitzel, Verschiebung des entsprechenden Synchronkolbens (was eine Vergrößerung des Flüssigkeitsvolumens und eine Stabilisierung des Drucks ergibt), eine schnelle Verschiebung der Schaltgabelachse (wodurch das Einschalten des Gangs hervorgerufen wird, wenn der Synchronkolben im Anschlag ist) und die Verschiebung des entsprechenden Kolbens für die automatische Kupplungsbetätigung.

Wiedereinkuppeln Die letzte vom Schaltblock durchgeführte Phase ist die Verschiebung des Kolbens für die automatische Kupplungsbetätigung, und zwar ganz gleich, welcher Gang gewählt wurde. Bei seiner Verschiebung hebt der Kolben den Schieber für die automatische Kupplungsbetätigung an. Das Regulierungsgleichgewicht des Schiebers wird aufgehoben, und in seiner neuen Stellung gestattet der Schieber, die Versorgung des Schiebers für den Gangwähler aufrechtzuerhalten (der Druck hält den Gang eingeschaltet). Er erlaubt die Verbindung des Kupplungszylinders mit dem Fliehkraftregler. Das Einkuppeln kann nur erfolgen, wenn der Fliehkraftregler den Rücklauf vom Kupplungszylinder zum Behälter ermöglicht.

Rückführung zur Neutralstellung Zwischen jedem Gang verbindet der Schieber für den Gangwähler durch seine Längs- und Querrillen alle versorgten Kreisläufe mit dem Rücklauf. Alle Teile nehmen unter Wirkung der Rückholfeder ihre Ausgangsstellungen wieder ein.

Der Fliehkraftregler ermöglicht das Einkuppeln im Augenblick des Anfahrens und das Auskuppeln im Augenblick des Anhaltens des Fahrzeugs, wenn der Gang geschaltet ist. Seine Funktion ist von der Motordrehzahl abhängig. Er setzt sich aus drei wesentlichen Teilen zusammen: dem herkömmlichen Regler mit Fliehgewichten, dem Gesamtteil Schieber/Buchse/Druckverteiler und der Korrektur für erhöhten Auskupplungsdruck, dessen Versorgung durch die vorderen Bremsen erfolgt. Die Kupplungsdruckkorrektureinrichtung verbessert die Trennung von Motor und Getriebe bei einem plötzlichen Halt des Fahrzeugs infolge Bremsens. Das Auskuppeln wird durch einen zusätzlichen Druckanstieg von ungefähr 10 kp/cm^2 im Kupplungszylinder verbessert.

Die Kupplungsverriegelung schützt vor einem Wiedereinkuppeln beim Schalten des 1. und 2. Gangs, solange einer dieser beiden Gänge nicht vollständig eingeschaltet ist. Diese Sicherheit ist besonders notwendig für das Wiedereinkuppeln beim Schalten in den 1. Gang. Da dieser Gang im Schaltblock keine Synchronisiereinrichtung besitzt, könnte ein Wiedereinkuppeln erfolgen, bevor der zeitlich bedingte Synchronisierungsablauf und das Eingreifen des Ritzels beendet sind.

Die Kupplungsverriegelung ist vorn rechts am Getriebe befestigt und liegt im Kreislauf zwischen Schaltblock und Fliehkraftregler. Sie kann so das Auskuppeln beim Schalten nicht verhindern, selbst wenn sie geschlossen ist. Sie setzt sich zusammen aus einem Gehäuse, einer Verriegelungsbuchse, einem Verriegelungsschieber mit Nut, einer Rückholfeder für den Schieber, einer Kugel und einem Schieber für die Betätigung der Kugel. Dieser Schieber steht in Verbindung mit der Schaltgabelachse für den 1. und 2. Gang mittels eines Hebels und einer Feder.

Das Prinzip besteht darin, den Kreislauf des Druckabfalls im Kupplungszylinder zu unterbrechen, solange die Ritzel des 1. und 2. Gangs nicht eingegriffen haben. Beim Schalten des 1. und 2. Gangs stößt eine Kugel, die von der Schulter des Betätigungsschiebers abgehoben wird, gegen den Schieber der Verriegelung, welche den Durchgang der Flüssigkeit verschließt. Solange Synchronisation und Eingreifen der Ritzel nicht erfolgt sind, bleiben Schaltgabelachse (1. und 2. Gang) und der Schieber für die Betätigung der Kugel in dieser Zwischenstellung und verhindern so den Druckabfall im Kupplungszylinder.

Wenn die Ritzel eingreifen, verschieben sich Schaltgabelachse und Betätigungsschieber erneut, und die Schulter stellt ihre Aktion gegen die Kugel ein; diese geht unter der Kraft des durch seine Rückholfeder gestoßenen Verriegelungsschiebers wieder nach unten. Der Durchlauf der Flüssigkeit ist dann durch die Nut im Verriegelungsschieber möglich, und das Wiedereinkuppeln kann erfolgen. Beim Schalten in den 3., 4. oder Rückwärtsgang befindet sich die Schaltachse für den 1. und 2. Gang in Neutralstellung und die Verriegelung bleibt dauernd offen.

Der Kupplungskorrektor dient dazu, ein schnelles und progressives Einkuppeln zu gewährleisten. Er soll die Zeitspanne des Wiedereinkuppelns je nach dem auf das Gaspedal ausgeübten Druck bestimmen und ein schnelles Auskuppeln gestatten.

Der Kupplungskorrektor befindet sich im hydraulischen Kreislauf zwischen Schaltblock und Kupplungs-

Eindrucksvolle Demonstration der verstellbaren Bodenfreiheit.

zylinder. Ein mit der Achse der Drosselklappe der ersten Stufe des Vergasers verbundener Nocken betätigt über eine Rolle einen Übertragungshebel. Die sich aus zwei Federn ergebende Kraft wirkt über den Zwischenhebel auf den einen Schieber. Mit einer Stellschraube kann man die Spannung der einen Feder genau einstellen. Ein zweiter Schieber, der durch eine weitere schwache Feder gegen den ersten Schieber gedrückt wird, hat in seiner Mitte einen Durchmesser, der unter dem der Bohrung liegt, in welcher er gleitet.

Das Auskuppeln soll so schnell wie möglich erfolgen, der Korrektor muß also einen nicht gebremsten Durchlauf der Flüssigkeit vom Schaltblock zum Kupplungszylinder gewährleisten. Weiterhin muß eine erste schnelle Phase des Wiedereinkuppelns bis zu dem Moment erfolgen, in dem die Kupplungsmitnehmerscheibe eben Kontakt bekommt und eine zweite langsamere Phase angestrebt wird, um ein progressives, d. h. ruckfreies Einkuppeln zu erreichen. Hierzu muß der Rücklauf der Flüssigkeit zunächst frei und dann gebremst erfolgen.

Der Mengenregler oder Schaltkorrektor Die Flüssigkeit, welche die Kreisläufe der Gangschaltung versorgt, hat bei ihrer Ankunft im Schaltblock nicht immer die gleiche Temperatur und den gleichen Druck. Ohne Korrekturen würden diese Differenzen Abweichungen in den Schaltzeiten ergeben. Um dieses zu vermeiden, fließt die Flüssigkeit, welche die Schaltkreisläufe versorgt, durch einen „Leistungsregler", der über dem Schaltblock sitzt.

Der Mengenregler besteht im wesentlichen aus einem an seinen beiden Enden durch Stopfen verschlossenen Zylinder, in welchem ein Hohlkolben hin und her gleiten kann. Durchbohrte Scheiben, die wie Düsen ausgebildet sind, werden im Innern versetzt angeordnet und sind durch Zwischenstücke voneinander getrennt. Die auf den Druck ausgerichtete Rückholfeder bringt den Kolben in seine richtige Stellung.

Bei dem Eintritt in den Mengenregler erzeugt die unter Druck stehende Flüssigkeit eine Kraft F, die das Bestreben hat, den Hohlkolben zu verschieben, dessen Ende die Zufuhröffnung mehr oder weniger verschließt. Die Feder unterwirft den Kolben der Kraft T, die F entgegenwirkt. Die unter Druck stehende Flüssigkeit speist nach Passieren des Filters und der verschiedenen durchbohrten und versetzt angeordneten Scheiben den Schaltblock. Der Kolben wird einerseits einer Kraft F unterworfen, die durch den Druck der Flüssigkeit erzeugt wurde, und andererseits der Kraft T der Feder (zu der noch eine Kraft F1 hinzukommt, die durch den Druck der Flüssigkeit erzeugt wird, welcher im Zufuhrkreislauf des Schaltblocks herrscht).

Je nach den Werten F und F1 nimmt der Kolben eine solche Stellung ein, daß sein Ende die Zufuhröffnung mehr oder weniger verschließt. Durch diese mehr oder weniger freigegebene Öffnung wird die Flüssigkeitsmenge geregelt, denn die Kraft F1 ist variabel; ihr Wert hängt besonders von dem Widerstand ab, auf den die Flüssigkeit beim Durchfluß durch den Schaltblock stößt. Wenn dieser Widerstand groß ist, so verringert sich die Abweichung zwischen F und F1, und der Kolben gibt die Zufuhröffnung in größerem Umfang frei; die Mengenabgabe bleibt konstant.

Die Kraft F ist ebenfalls variabel, ihr Wert hängt vom jeweiligen Druck der zugeführten Flüssigkeit ab. Je nach dem Wert von F wird die Zufuhröffnung ebenfalls mehr oder weniger geschlossen. Es ist ebenfalls zu bemerken, daß der Durchfluß der Flüssigkeit durch den Holkolben, so wie er konzipiert ist (System dünner Zwischenwände), unabhängig von ihrer Viskosität, also von ihrer Temperatur ist. Die Position der Schraube, die die Ansprechbarkeit der Feder einstellt, darf im übrigen niemals verändert werden.

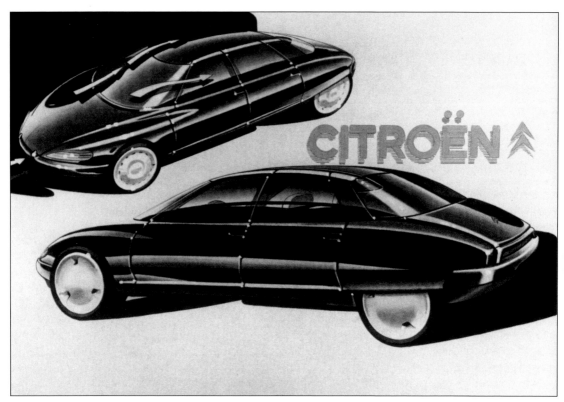

So hätte ein neuer Citroen DS aussehen können. Dieser phantastische Entwurf stammt von Volvo-Desinger Steve Harper, der sich damit 1985 an einem Wettbewerb des DS Club Nederland beteiligt.

Wie ähnlich dieser Entwurf von Lefébvre aus dem Jahr 1945 doch bereits die späteren Linien des DS vorweg nimmt! Kann man hier nicht sogar höchst aktuelles Design wiedererkennen?

Die Göttin in Zahlen

20 Jahre DS- und ID-Produktion

1955 DS 19
Motor: Wassergekühlter 4-Zylinder-Reihenmotor mit Leichtmetall-Querstrom-Zylinderkopf, hängenden Ventilen in V-Anordnung, 1911 ccm Hubraum, Bohrung/Hub 78x100, 75 PS bei 4500 U/min., Verdichtung 7,5:1; Zündung mit Ducellier-Verteiler und zwei Zündspulen, ein Weber-Doppelvergaser 24/30 DCLC oder Zenith 24/30 EEAC, Trockenluftfilter Vokes oder Lautrette. Höchstgeschwindigkeit 140 km/h, Verbrauch 9,5 Liter bei 75 km/h Durchschnittsgeschwindigkeit.
Antrieb: Hydraulisch bedientes Vierganggetriebe (1. Gang nicht synchronisiert), Vorderradantrieb, Gelenke Spicer-Glaenzer, Ferrodo Trockenkupplung, ebenfalls hydraulisch bedient.
Lenkung: Hydraulisch unterstützte Zahnstangenlenkung, Wendekreis 11 Meter. Lenkrad mit weißem Millimeterkunststoffband umwickelt, nur eine Lenkradspeiche.
Federung: Hydropneumatisch durch Federzylinder, Federkugeln mit integriertem Stoßdämpfer, an Schwingarmen einzeln aufgehängte Räder.
Bremsen: Vorn Scheibenbremsen, hinten Trommelbremsen, an den Hydraulikkreislauf angeschlossene Hochdruck-Bremsanlage. Kleiner Bremskopf statt Pedal wirkt direkt auf ein Bremsventil. Handbremse als Fuß-Feststellbremse wirkt auf die Bremsscheiben, Belüftung durch zwei Luftschächte.
Räder: Stahlfelgen mit nur einer Zentralschraube an der Aufnahme befestigt, Michelin X-Reifen 165x400 vorn (Reifendruck 1,7 atü), 155x400 hinten (Reifendruck 1,4 atü), Reserverad unter der vorderen Motorhaube vor dem Kühler.
Elektrische Anlage: 6 Volt, Batterie 75 Ampere.
Karosserie: Selbsttragende Fahrgastzelle mit Plattformrahmen verschweißt, äußere Karosserieteile verschraubt. Leergewicht 1125 kg, Länge 480 cm, Breite 179 cm, Höhe 147 cm, Radstand 312,5 cm, Spurweite vorn 150 cm, Spurweite hinten 130 cm, Kofferraumvolumen 0,5 qm, Tankinhalt 60 Liter, Windschutzscheibe aus Visurit.
Stückzahl der produzierten Fahrzeuge: 69.

1956 DS 19
Ab Februar 1956: Handhebel zur Einstellung der Bodenfreiheit, Lieferung einer Unterstellstütze zum Radwechsel.
Ab Juli 1956: Riemenscheibe der Hochdruckpumpe für zwei Keilriemen statt für nur einen.
Von Januar bis Oktober 1956: Chassis-Nr. 63-5.889.
Stückzahl 1956: 9936.
ID 19: Nur einige Ausstellungsstücke.

1957 DS19
Ab März 1957: Radkappen mit sechs Befestigungsgummis statt nur drei.
Ab Mai 1957: Frontschürze in Wagenfarbe lackiert statt mit geriffelter Alu-Blende versehen, Türverkleidungen in Waffelmuster statt uni.
Juni 1957: Heckscheibe aus Plexiglas, Luftleitblech zwischen Kühler und Reserverad kürzer (Typ ID 19).
Ab Juli 1957: Rückseiten der Vordersitze und Absätze an den Türverkleidungen in Eidechs-Kunstlederimitation, Zusatz-Anlaßschalter an der Batterie jetzt von GELBON statt Ducellier.
Ab September 1957: Verstellschrauben der Rücksitzlehnen grau lackiert statt verchromt.
Von Oktober 1956 bis Oktober 1957: Chassis-Nr. 5890-25.476.

ID 19
In der Grundkonzeption mit dem DS 19 identisch, aber nur mit hydropneumatischer Federung. Zahnstangenlenkung nicht hydraulisch unterstützt, Lenkrad mit größerem Durchmesser und mit breiterem weißen Kunststoff umwickelt, herkömmliche hydraulische Bremsanlage mit einem getrennten Flüßigkeitsbehälter und normalem Bremspedal, Vierganggetriebe mechanisch zu kuppeln und zu schalten, Schalthebel an der Lenksäule, einfachere Ausstattung, Trompeten aus dunkelbraunem Kunststoff.
ID 19 Normale: Wassergekühlter 4-Zylinder-Reihenmotor des 11 D, herkömmlicher Grauguß-Zylinderkopf mit hängenden Ventilen, 1911 ccm, 63 PS bei 4500 U/min., Einfachvergaser, Höchstgeschwindigkeit 130 km/h, Zündung mit Verteiler und einer Zündspule, Batterie 6 Volt, 60 Ampere, Leergewicht 1095 kg, Reserverad im Kofferraum statt unter der Motorhaube, vordere Sitzbank, hintere Seitenscheiben fest installiert, Armaturenbrett schwarz lackiert, mechanischer Anlasserzug, keine Zündverstellung, nur eine Sonnenblende, Citroën-Schild auf Abschlußblech über der hinte-

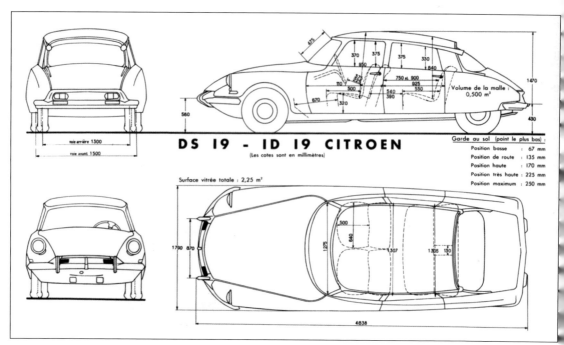

DS auf dem Reißbrett - Karosserie-Abmessungen

Aufbau der selbsttragenden Chassis-Einheit und der Karosserie.

ren Stoßstange (wie beim Traction), einzige Farbe: schwarz.
ID 19 luxe: Gleicher Motor wie DS 19, aber nur 66 PS bei 4500 U/min., Einfachvergaser, Bremsen, Lenkung und Schaltung wie ID Normale, aber elektrischer Anlasser, Armaturenbrett in Grau lackiert, Einzelsitze vorn, hintere Seitenscheiben zum Kurbeln, zwei Sonnenblenden, wie ID Normale in Wagenfarbe lackierte Lampenzierringe, keine Parkleuchten an der B-Säule, und statt Radkappen kleine Stöpsel in den Zentralverschlußmuttern, Farben: außer Schwarz auch Türkis und Braun, Tank 60 Liter.
Ab Juli 1957: Typ ID Confort mit gleicher Technik wie ID luxe, aber Innenausstattung wie DS 19, verchromte Lampenzierringe und Radkappen und kleiner Vorschalldämpfer im Motorraum vom DS 19.
Modelle: ID Normale, ID luxe, ID Confort.
Von Mai bis September 1957: Chassis-Nr. 200.001 bis 203.082.
Stückzahl DS und ID 1957: 28.593.

1958 DS 19

Ab Oktober 1957: Helanca-Sitzbezüge, Haubenaufsteller nun auf der Beifahrerseite, Windschutzscheibe aus Sekurit.
Ab November 1957: Neue Batteriehalterung, neuer Hebel zur manuellen Höhenverstellung.
Ab Februar 1958: Auspuff endet hinten schräg links statt in der Mitte, Zusatzbelüftungsschraube für den Tankstutzen.
Mai 1958: Das auf die Seite herumgezogene Chromteil der Rückstrahler ist nun nicht mehr mit einem roten Streifen lackiert, Stege der Rücklichtkappen schwarz statt verchromt.
Ab Juni 1958: Lenkrad wie bei ID 19 mit breiterem Kunststoffband umwickelt.
Ab September 1958: Tankuhr statt rechts nun auf der linken Seite des Kombiinstruments (Tausch mit Ladeanzeige), vordere Stoßstangenbefestigung mit Metallwinkeln statt mit Silentblock, Türkontakt für Innenbeleuchtung vorn links statt vorn rechts.
Oktober 1958: Kosmetikspiegel in der Sonnenblende, Blinkerschalter ohne Rückstellung (kein Zeitschalter mehr), Wagenhimmel in Karomuster, zwei Düsen für Scheibenwaschanlage. Vorstellung des DS Prestige.
Von Oktober 1957 bis September 1958: Chassis-Nr. 25.477 bis 47.499.

ID 19

Februar 1958: Als Sicherheitsreserve fungiert nun der Federungsdruck der hydraulischen Anlage für die Bremse (bei Luft in Bremssystem greift im letzten Viertel des Pedalweges der Federungsdruck in die Bremse).
Oktober 1958: Vorstellung der Kombi-Limousinen Break, Familiale und Commerciale. Neue kleine Alu-Radkappen sowie Parkleuchten an der B-Säule für alle ID, außer ID Normale. Kombi-Limousinen mit DS-Hochdruckbremse.
Modelle: ID Normale, luxe, Confort, Familiale luxe, Break, Commerciale.
Stückzahl DS und ID 1958: 52.466.

1959 DS 19

März 1959: Keine Abschleppösen mehr unter der vorderen Stoßstange.
Mai 1959: Uhr neben dem Tachometer statt auf dem Aschenbecher, Ladeanzeige fällt weg.
Juli 1959: 12-Volt-Anlage für den Export, Lenkradumwicklung in Schwarz.
August 1959: Nur noch eine Zündspule, Verteiler mit einem Unterbrecher (Wegfall der Anlage mit zwei Spulen und zwei Unterbrechern), veränderte hintere Kotflügel mit kleinen eingearbeiteten Rückstrahlern.
September 1959: Alu-Lüftungsgitter auf den vorderen Kotflügeln, Entlüftungsschraube des Druckreglers jetzt als Sechskant, Türgriffe aus Edelstahl statt aus verchromtem Druckguß, nur noch auslaufende, blanke hintere Blinker.
Dezember 1959: Tachowelle zweiteilig, Krümmer und Zündspule vom ID 19.
Von September 1958 bis September 1959: Chassis-Nr. 47.500 bis 61.247.
Modelle: Limousine, Prestige.

ID 19

August 1959: Veränderte hintere Kotflügl wie DS 19.
Oktober 1959: Zusätzliches Modell „Voiture de maire" in Schwarz a.W., mit Trennscheibe.
Stückzahl DS und ID 1959: 66.931.
Modelle: ID Normale, luxe, Confort, Break luxe und Confort, Familiale luxe und Confort, Commerciale.

1960 DS 19

Juli 1960: Abschaffung des Druckspeichers für die Hinterradbremsen, von nun an Reservoir aus hinterem Federungsdruck.
August 1960: Fliehkraftregler statt Niederdruckpumpe für das Hydrauliksystem, 12-Volt-Anlage auch im

Binnenmarkt, Bosch-Scheibenwischermotor, seitlicher Sitzverstellhebel statt Schrauben, Kofferraumdruckknopf mit Griff.
September 1960: Keine Handverstellung des Zündzeitpunktes mehr vom Armaturenbrett aus, Innenspiegel abblendbar.
Oktober 1960: Vorstellung des DS Cabriolets.
1. September 1959 bis 29. August 1960: Chassis-Nr. 62.588 bis 64.000, 4.000.001 bis 4.011.050, 4.01.001 bis 4.014.058.
Modelle: Limousine, Prestige, Cabriolet.

ID 19

August 1960: Armaturenbrett mit goldfarbenen Knöpfen statt weißen, statt Zeitschalter Blinker mit Hebel an der Lenksäule (nicht selbst zurückstellend), ebenfalls 12-Volt-Anlage, Bosch-Scheibenwischermotor, seitlicher Sitzverstellhebel statt Schrauben, Kofferraumdruckknopf mit Griff. Das ID-Cabrio wird angekündigt.
Stückzahl DS und ID 1960: Limousinen 78.915, Break 4290, Cabrio 1. Vom DS Prestige sind von 1958 bis 1974 etwa 300 Exemplare hergestellt worden.
Modelle: wie 1959.

1961 DS 19

März 1961: Beginn des Cabriolet-Verkaufs. Veränderte Motorausbuchtung im Innenraum für Kurbelwellen-Schwingungsdämpfer Marke „Holset", Leistungsverbesserung auf 83 SAE-PS durch gewölbtere Kolben und einen neuen Vergaser (Weber 24/32 DDC), Verdichtung 8,5:1, Höchstgeschwindigkeit 150 km/h, Handschuhkastendeckel mit Citroën-Winkeln und Chromgriff versehen.
April 1961: Scheinwerfer nach Europa-Norm, Fußmatten mit Befestigung durch Laschen statt durch Druckknöpfe.
Mai 1961: Türdruckschalter für Innenbeleuchtung nun auch auf der Beifahrerseite, Lüftungsgitter auf den vorderen Kotflügeln aus Edelstahl statt aus Alu.
Juni 1961: Einheitliche Felgenfarbe (Blanc Paros), Scheibenwaschbehälter aus Kunststoff statt aus Glas.
August 1961: Neues Armaturenbrett aus Blech mit schwarzem Kunststoffoberteil, Scheibenwischer geht beim Abschalten automatisch in die Ruhestellung zurück, größerer Rückspiegel, Gasgestänge statt Gaszug, dickeres Bremsgummi (Pilz) statt kleinem Bremsknopf.
September 1961: Magnetschloß für Handschuhkastendeckel.

November 1961: Neue Rückspiegelhalterung mit Gummi zwischen Scheibe und Halter, Wasserablauf für Kofferraumschloß, Stoßstangen nun aus Edelstahl statt aus verchromtem Blech.
1. September 1960 bis 29. August 1961: Chassis-Nr. 4.014.184 bis 4.025.194 und 4.205.001 bis 4.215.702. Cabriolet ab 6. Januar 1961 Chassis-Nr. 4.200.001 bis 4.200.201.
Modelle: Limousine, Prestige, Cabriolet.

ID 19

Oktober 1961: Vorderradbremsen erhalten den Bremsdruck von einem Hauptdruckspeicher mit niedrigerem Tarierdruck (40 bar statt 65), um Flüssigkeitsreserve zu vergrößern, die aber dennoch kleiner ist als beim DS mit Reservoir aus der gesamten vorderen Federung, Scheibenwischer gehen beim Abschalten selbständig in die Ruhestellung zurück. ID Normale wird nicht mehr gebaut. Beginn der ID-Cabriolet-Produktion.
November 1961: Stoßstangen aus Edelstahl statt aus Alu (bis Ende 1962 werden zeitweise auch noch Alu-Stoßstangen verwendet).
Stückzahlen DS und ID 1961: Limousinen 72.717, Breaks 4880, Cabriolets 162.
Modelle: ID luxe und Confort, Cabriolet, Break luxe und Confort, Familiale luxe und Confort, Commerciale.

1962 DS 19

Januar 1962: Kein Ladeanzeigeinstrument mehr, neuer Ventildeckel mit eingearbeitetem Einfüllstutzen, neue Abdeckung der Zündkerzenlöcher.
März 1962: Druckschalter am Türpfosten für die Innenbeleuchtung aus Nylon statt aus Metall.
Juni 1962: Seitenscheibenstärke vorn 5 mm statt 4 mm.
September 1962: Neue Frontpartie mit Gummihörnern an der Stoßstange und geschlossener Schürze verbessert die Aerodynamik und damit die Fahrleistungen. Die Kühlluft für den Kühler wird nun durch einen Kunststofftunnel geleitet, der von der Öffnung in der Schürze unter dem Reserverad entlang direkt zum Kühler reicht. Statt Gitter auf den vorderen Kotflügeln nun Lufteinlässe unter den Scheinwerfern, Gummipuffer an der hinteren Stoßstange, Auspufftopf nun in Ausbuchtung unter den Vordersitzen statt in vorderer Schürze.
29. August 1961 bis 28. August 1962: Chassis-Nr. 4.215.703 bis 4.242.537 für Limousine und Prestige,

Nutzbares Last-Tier: ID 19 Break Commerciale 1961

Freund der Elemente: ID 19 Break 1966

Foto: André Martin, Archiv FGV

4.200.290 bis 4.2000.466 für das Cabriolet.
Modelle: Limousine, Prestige, Cabriolet.

ID 19
Gleiche Veränderungen wie DS 19.
Zusätzlich ab Oktober 1962: gegen Aufpreis hydraulisch unterstützte Lenkung wie beim DS, Motorausbuchtung wie beim DS.
Modelle: ID luxe und Confort, Cabriolet, Break luxe und Confort, Familiale luxe und Confort, Commerciale.
Stückzahlen DS und ID insgesamt: Limousinen 78.696, Breaks 5339, Cabriolets 209.

1963 DS 19
Februar 1963: Heckscheibe wieder aus Glas statt aus Plexiglas, zusätzliches Modell DS 19 M mit Getriebeschaltung, Kupplung und Anlasser vom ID 19, Anlassen über Druckknopf.
April 1963: Aschenbecher am Armaturenbrett mit Chromgriff.
Juli 1963: Reißverschluß im Lüftungstunnel für den Kühler, Unterbodenschutz für alle DS.
September 1963: Kartentasche in der Motorausbuchtung, offene Türtaschen in den Vordertüren, Zusatzgitter in der Luftöffnung der Frontschürze, Moosgummidichtung im Kofferraumdeckel statt aufgesetzte Dichtungen am Kofferraumrand, Lenksäule für Diebstahlsicherung vorbereitet, für Deutschland-Export Lenkschloß.
Dezember 1963: Rückseiten der Vordersitze und Absätze an den Türverkleidungen nicht mehr aus Eidechs-Kunstlederimitation, sondern in hellem Streifenmuster.
Modelle: Limousine, Prestige und Cabriolet.
29. August 1962 bis 28. August 1963: Chassis-Nr. Limousine 4.244.001 bis 4.244.800, 4.244.901 bis 4.247.000, 4.247.101 bis 4.251.000 und 4.251.201 bis 4.271.373, Chassis-Nr. Limousine mit mechanischem Getriebe 4.400.101 bis 4.405.714, Chassis-Nr. Cabriolet 4.247.001 bis 4.247.100 und 4.251.001 bis 4.251.068, Chassis-Nr. Limousine mit mechanischem Getriebe ab Februar 1963 4.400.001 bis 4.400.053

ID 19
Februar 1963: Heckscheibe wieder aus Glas statt aus Plexiglas.
März 1963: Breaks mit DS 19-Motor (83 SAE-PS), 150 km/h. Bei allen ID Vierganggetriebe nun vollsynchronisiert.
Juli 1963: Reißverschluß im Lüftungstunnel für den Kühler, Unterbodenschutz für alle Modelle.
September 1963: Zusatzgitter in der Luftöffnung der Frontschürze.
Modelle: Limousine luxe, Confort, Break luxe, Confort, Familiale luxe, Confort, Commerciale, Cabriolet.
Stückzahlen DS und ID insgesamt: Limousinen 86.975, Breaks 6501, Cabriolets 241.

1964 DS
April 1964: Neue Befestigungspunkte für Sicherheitsgurte.
August 1964: Aschenbecher an der Vorsitzlehne mit Griff, Innenbeleuchtung an der B-Säule kürzer, Scheibenwischer nun miteinander statt gegeneinander laufend, LHS 2 wird statt den bisherigen roten Hydraulikflüssigkeiten verwendet, Batterie von 40 auf 50 Amperestunden erhöht (in Deutschland 60).
Oktober 1964: Vorstellung des Luxusmodells Pallas mit Zusatz-Jod-Scheinwerfer (weltweit erstmals in Serie!), gebürstete Abdeckungen für B- und C-Säule, Inox-Zierleisten unterhalb der Fenster und an der unteren Karosserielinie, breite Inoxleisten mit weißer Gummieinlage entlang des seitlichen Karosserieknicks, Blinker mit Edelstahlumrandung, Innenausstattung mit weichem Verlourstoff und höhere Sitzlehnen, Teppiche zur Sitzfarbe passend auch auf den Einstiegen (dort mit Leisten und Blenden abgeschlossen), um die Motorausbuchtung und auf der Hutablage, verkleideter Wagenhimmel, weiße Kunstlederabdeckungen an den oberen Türinnenseiten, Lederausstattung in Hellbraun oder Schwarz auf Wunsch, auffällige Radkappen mit Riffelung, alle DS-Modelle nun mit Verbundglas-Frontscheibe.
November 1964: Reifen Michelin XA 2.
Dezember 1964: Wasserthermometer am Armaturenbrett und Thermostat im Kühlkreislauf (teilweise für den Export schon eher vorhanden).
Modelle: Limousine, Limousine Pallas, Prestige und Cabriolet.
28. August 1963 bis 24. August 1964: Chassis-Nr. Limousine 4.272.302 bis 4.291.669 (mit halbautom. Getriebe), 4.407.201 bis 4.423.244 (mit mechan. Getriebe).

ID
April 1964: Neue Befestigungspunkte für Sicherheitsgurte. August 1964: Scheibenwischer miteinander statt gegeneinanderlaufend, Verwendung der LHS 2-Flüssigkeit.

September 1964: ID 19 Limousinen erhalten eine andere Vergaserregelung und modifizierten Zylinderkopf, höhere Leistung: 70 PS bei 4500 U/min., Höchstgeschwindigkeit 150 km/h, für alle Modelle: neues Armaturenbrett in Schwarz, ähnlich dem des DS, aber mit gerader Front, umklappbare Rückbank beim Break.
Modelle: Limousine luxe, Limousine Confort, Break luxe, Confort, Familiale luxe, Confort, Commerciale, Cabriolet.
Stückzahlen DS und ID insgesamt: Limousinen 79.156, Breaks 6223, Cabriolet 184.

1965 DS 19 / DS 21

September 1965: Neue Motoren mit fünf Kurbelwellenlagern gelangen zum Einbau, DS 19: 1985 ccm, Bohrung/Hub 86 x 85,5, 84 PS bei 5250 U/min., Leergewicht 1275 kg, Höchstgeschwindigkeit 165 km/h, DS 21: 2175 ccm, Bohrung/Hub 90 x 85,5, 100 PS bei 5500 U/min., Leergewicht 1280 kg, Höchstgeschwindigkeit 175 km/h.
Neue Bezeichnung für DS 19: DS 19 A.
Alle DS-Modelle erhalten an den Antriebswellen auf der Getriebeseite Tripodes-Gelenke, eine andere Reifengröße (380 statt 400) und 5-Loch-Felgen statt derer mit Zentralverschluß. Für den Export nach Deutschland werden alle Modelle nun einheitlich vorne und hinten mit 180 x 380 XAS ausgerüstet. XAS-Reifen ersetzen generell die XA 2. Die Frontschürze bekommt andere Luftöffnungen sowie ein Luftleitblech unter der Stoßstange. Die vorderen Scheibenbremsen sind als Festsattelbremsen mit je einem Kolben pro Seite erschienen statt wie bisher als Schwimmsattelbremsen mit zwei Kolben auf nur einer Seite. Die Feststellbremse bekommt zwei separate Bremszangen. Es gibt neue Radkappen ähnlich der alten für die Nicht-Pallas-Modelle; Pallas-Modelle erhalten schlichtere gegenüber dem Vorjahr. Die Modelle mit Halbautomatik erhalten ein neues vollsynchronisiertes Getriebe. Bremsweganzeiger im Tachometer, Höhenkorrektor für Scheinwerfer, DS 21 bekommt Verschleißanzeige für vordere Bremsbeläge (in geteilter Hydraulik-Druckanzeigelampe).
Kein DS 19 Cabrio mehr, statt dessen DS 21 Cabrio.
Modelle: DS 19 Limousine, Pallas, Prestige. DS 21 Limousine, Pallas, Prestige und Cabriolet.
1. September 1964 bis 31. August 1965: Chassis-Nr. DS 19 Limousine 4.292.030 bis 4.309.913 (mit halbautom. Getriebe), 4.424.030 bis 4.436.817 (mit mechan. Getriebe), Cabriolet 4.294.030 bis 4.294.092 (mit halbautom. Getriebe), 4.426.020 bis 4.426.061 (mit mechan. Getriebe).

ID 19

September 1965: ID 19 Limousinen erhalten den ehemaligen DS 19-Motor mit 1911 ccm, aber mit nur 74 PS bei 4750 U/min., Höchstgeschwindigkeit 158 km/h, Radgröße wie beim DS 19 nun 180 x 380 XAS vorn, 155 x 380 XAS hinten. Für den Export nach Deutschland werden alle Modelle nun einheitlich vorn und hinten mit 180 x 380 XAS ausgerüstet. Neue Antriebswellen wie DS 19 bei allen ID 19-Modellen. Die Breaks sind wahlweise mit der DS 19- oder mit der DS 21-Maschine lieferbar. Kein ID-Cabrio mehr.
Modelle: Limousine luxe und Confort, ID 19 Break luxe und Confort, Familiale luxe und Confort, Commerciale, ID 21 Break luxe und Confort, Familiale luxe und Confort; Commerciale (Cabriolet).
Stückzahlen DS und ID insgesamt: Limousinen 83.092, Breaks 6222, Cabriolet 127.

1966 DS 19 / DS 21

September 1966: Neues Hydrauliksystem mit „grüner" Flüssigkeit LHM für alle Modelle, Batteriehalterung auf der Beifahrerseite statt auf der Fahrerseite, gegen Aufpreis Höhenverstellung an den Vordersitzen sowie Kopfstützen, deren Chrombügel in Halter an der Sitzseite gesteckt werden, sowie Benzinheizung für kalte Länder.
DS 21 erhält Monogramm auf dem Kofferraumdeckel.
Modelle: DS 19 Limousine, Pallas, Prestige, DS 21 Limousine, Pallas, Prestige, Cabriolet.
1. September 1965 bis 31. August 1966: Chassis-Nr. Limousine DS 19 A 4.311.001 bis 4.315.341 (mit halbautom. Getriebe), 4.438.001 bis 4.441.751 (mit mechan. Getriebe), DS 21 4.350.200 bis 4.374.711 (mit halbautom. Getriebe), 4.460.100 bis 4.471.616 (mit mechan. Getriebe), DS 21 Cabrio 4.350.003 bis 4.350.143 (mit halbautom. Getriebe), 4.460.020 bis 4.460.075 (mit mechan. Getriebe).

ID 19

September 1966: Neues Hydrauliksystem mit „grüner" Flüssigkeit für alle Modelle. Die Limousinen erhalten jetzt auch den neuen Motor mit fünf Kurbelwellenlagern (ID 19 B), aber im Gegensatz zum DS mit 78 PS bei 5250 U/min., Verdichtung 8:1, Leergewicht 1245 kg, Höchstgeschwindigkeit 160 km/h, Batterie bei allen Modellen statt auf der Fahrerseite nun auf der Beifahrerseite.

Zwei Monumente vereint: Arc de Triomphe und Citroën DS.

Stationen der Kreativität: Wie kein anderes Auto symbolisiert der DS die Kunst seiner Epoche

Foto: André Martin, Archiv FGV

Modelle wie 1965.
Stückzahlen DS und ID insgesamt: Limousinen 92.706, Breaks 6855, Cabriolet 124.

1967 DS 19 / DS 21
April 1967: Für den Export nach Deutschland erfolgt Tectyl-Behandlung der Längsholme und Leitungsbündel.
Mai 1967: Öldruckkontrolleuchte zusammen mit Ladekontrolle am Armaturenbrett.
Juli 1967: Drehstromlichtmaschine für alle Modelle.
September 1967: Neugestaltete Frontpartie mit Doppelscheinwerfern, neuer Motorhaube, Stoßstange und Kotflügel. Bei den Prestige-, Pallas- und Cabrio-Modellen sind die kleineren inneren Lampen Jodscheinwerfer, die über Bowdenzüge dem Lenkradeinschlag folgen. Mitlenkende Jodscheinwerfer sind aber bei den DS 19 und DS 21 in Normalausführung nur gegen Aufpreis erhältlich, bei den Exportmodellen teilweise serienmäßig. Stärkere hydraulische Lenkhilfe für alle Modelle.
Dezember 1967: Druckzufuhr für die vorderen Bremsen erfolgt nicht mehr von der vorderen Federung, sondern direkt vom Hauptdruckspeicher (weniger Volumen, höherer Enddruck).
Modelle wie 1966.
1. September 1966 bis 31. August 1967: Chassis-Nr. DS 19 Limousine 4.316.000 bis 4.321.976 (mit halbautom. Getriebe), 4.442.000 bis 4.445.527 (mit mechan. Getriebe), DS 21 Limousine 4.376.200 bis 4.395.446 (mit halbautom. Getriebe), 4.473.100 bis 4.480.621 (mit mechan. Getriebe), Cabriolet 4.376.050 bis 4.376.127 (mit halbautom. Getriebe), 4.473.020 bis 4.473.062 (mit mechan. Getriebe).

ID 19
Mai 1967: Öldruckkontrolleuchte zusammen mit Ladekontrolle am Armaturenbrett.
September 1967: Neugestaltete Frontpartie mit Doppelscheinwerfern, neuer Motorhaube, Stoßstange und Kotflügeln. Die Ausrüstung mit mitlenkenden inneren Jodscheinwerfern ist gegen Aufpreis möglich, bei den Exportausführungen sind sie teilweise serienmäßig. Stärkere hydraulische Lenkhilfe gegen Aufpreis und Drehstrom-Lichtmaschine für alle Modelle.
Modelle wie 1966.
Stückzahlen DS und ID insgesamt: Limousinen 94.693, Breaks 7211, Cabriolet 82.

1968 DS 20 / DS 21
Juli 1968: Bendix-Anlasser wird durch einen Anlasser mit Magnetschalter ersetzt; Anlaßwiederholsperre elektrisch.
September 1968: neue Modellbezeichnung DS 20 statt DS 19, der 1985-ccm-Motor leistet jetzt 91 PS (in Deutschland 90) bei 5900 U/min., Reifengröße vorn 180 x 380 XAS, hinten 155 x 380 XAS (in Deutschland hinten wie vorn), Höchstgeschwindigkeit 167 km/h, der DS 21-Motor leistet jetzt 104 PS bei 5500 U/min., Reifengröße vorn wie DS 20, hinten und Reserverad 165 x 380 XAS (in Deutschland hinten wie vorn), Höchstgeschwindigkeit 178 km/h, Kupplungspedal mit Ausgleichsfeder, Auspuff mit Nachschalldämpfer für alle DS, statt 5-Zoll-Räder mit rundem Loch in der Mitte nun 5 1/2-Zoll-Räder mit viereckigem Loch für alle DS-Modelle, überarbeitetes Armaturenbrett mit schwarzem Kunstleder bezogen, statt Chromknöpfen viereckige Druckschalter, der Scheibenwischer wird durch einen zusätzlichen Hebel links an der Lenksäule bedient, ebenso wie die elektrische Waschanlage, zwei getrennte kleine Kontrolleuchten für Öldruck und Ladekontrolle, neue höhere, kantigere Sitze mit eingeprägtem Muster, aufwendig gepolsterte und farbig gemusterte bei den Pallas-Ausführungen, Lehnenverstellung statt mit Hebel nun mit Handrad, Sitzverstellung rollengelagert, bei den Pallas-Modellen fällt der Teppich auf der Hutablage weg, heizbare Heckscheibe gegen Aufpreis, DS 20 und DS 21: Monogramm auf dem Kofferdeckel.
Oktober 1968: Neues Heizsystem für alle Modelle mit Hebel statt Drehknopf und thermostatgesteuertem Ventil direkt am Wärmetauscher.
November 1968: Neuer Wischermotor, Motorhauben-Beschläge vorn versetzt.
Modelle: DS 20 Limousine, Pallas, Prestige, DS 21 Limousine, Pallas, Prestige und Cabriolet.
1. September 1967 bis 31. August 1968: Chassis-Nr. DS 19 Limousine 4.323.001 bis 4.329.873 (mit halbautom. Getriebe), 4.446.001 bis 4.449.506 (mit mechan. Getriebe), DS 21 Limousine und Cabriolet 4.600.000 bis 4.620.761 (mit halbautom. Getriebe), 4.482.000 bis 4.489.890 (mit mechan. Getriebe).

ID 19 / ID 20
September 1968: Leistungssteigerung beim ID 19-Motor auf 81,5 PS bei 5500 U/min. (DV 2), Verdichtung 8:1, Einfachvergaser, Reifengröße vorn 180 x 380 XAS, hinten und Reserverad 155 x 380 XAS (in

Deutschland hinten wie vorn), neues Modell ID 20 mit 90 PS bei 5900 U/min., Verdichtung 8,75:1, Doppelvergaser, Höchstgeschwindigkeit 167 km/h, Reifengröße vorn 180 x 380 XAS, hinten und Reserverad 155 x 380 XAS (in Deutschland hinten wie vorn), überarbeitetes Armaturenbrett mit viereckigen Druckschaltern, neue Sitze wie bei den Modellen DS 20 und DS 21, Lehnenverstellung durch Handrad statt mit Hebel.
Oktober 1968: neues Heizsystem (Hebel statt Drehknopf) mit thermostatgesteuertem Ventil direkt am Wärmetauscher.
Modelle: ID 19 Limousine luxe und Confort, ID 20 Limousine Confort, Break luxe und Confort, Familiale luxe und Confort, Commerciale luxe.
Stückzahlen DS und ID insgesamt: Limousine 75.313, Breaks 6547, Cabriolets 95.

1969 DS 20 / DS 21

September 1969: zusätzliches Modell DS 21 injection électronique mit elektronisch geregelter Benzin-Einspritzung mit 120 PS bei 5250 U/min., Reifengröße vorn und hinten jetzt 185 x 380 XAS, Gewicht 1340 kg, Höchstgeschwindigkeit 188 km/h, alle Modelle erhalten ein neues Armaturenbrett aus Blech mit schwarzem Schrumpflack, einem Kunststoffeinsatz mit drei Rundinstrumenten, heizbare Heckscheibe bei Pallas-Modellen serienmäßig.
Modelle: DS 20 Limousine, Pallas und Prestige, DS 21 Limousine, Pallas, Prestige und Cabriolet, DS 21 injection électronique Limousine, Pallas, Prestige und Cabriolet.
1. September 1968 bis 31. August 1969: Chassis-Nr. DS 20 Limousine 4.332.001 bis ? (mit halbautom. Getriebe), 4.451.001 bis ? (mit mechan. Getriebe), DS 21 Limousine und Cabriolet 4.621.000 bis ? (mit halbautom. Getriebe), 4.490.001 bis ? (mit mechan. Getriebe).

ID 19 / ID 20 / D-Spécial / D-Super / Breaks 20 und 21

März 1969: Limousine Export mit besserer Ausstattung ersetzt die Limousine luxe bis September.
Mai 1969: Druckregler mit Steuerschieber ersetzt alte Version.
September 1969: Neue Bezeichnung D-Spécial statt ID 19, D-Super statt ID 20, Break, Familiale und Commerciale 20 bzw. 21 statt ID 20 Break usw. und ID 21 Break usw.

Neues Armaturenbrett mit Rundinstrumenten wie bei den DS-Modellen. D-Spécial: mechanisches Getriebe vom DS 21, neuer abblendbarer Innenspiegel, Zigarettenanzünder, Gummimatten, unlackiertes Dach, kleine ID-Radkappen, Monogramm D-Spécial auf dem Kofferraumdeckel, keine Uhr am Armaturenbrett (Blinddeckel), Export-Modelle mit Uhr, Trompeten, Teppich und großen Radkappen, „Trompeten" mit integrierten hinteren Blinkern aus Kunststoff wie bei den ID-Modellen; D-Super: Teppiche vorn und hinten, lackiertes Dach, Uhr am Armaturenbrett, DS-Radkappen, Monogramm D-Super auf dem Kofferraumdeckel, Trompeten mit integrierten hinteren Blinkern aus Edelstahl wie bei den DS-Modellen.
Stückzahlen DS und ID (D-Modelle) insgesamt: Limousinen und Breaks 82.218, Cabriolet 47.
Modelle: ID 19 luxe (Export), Confort, D-Spécial, D-Super, Break-Modelle unverändert.

1970 DS 20 / DS 21

September 1970: Handbremse bei allen Modellen offiziell nur noch als Fußbremse ausgelegt. Trotzdem werden beide Versionen verkauft.
DS 21 und DS 21 injection mit mechanischem Getriebe erhalten serienmäßig ein Fünfganggetriebe, DS 20 nur noch mit halbautomatischem Getriebe lieferbar, Pallas, Prestige und Cabriolet erhalten auch Jod-Hauptscheinwerfer (zwei Reflektoren H1), neues Modell Prestige-Pallas, Batteriehalterung wieder auf Fahrerseite, heizbare Heckscheibe für alle DS serienmäßig, neue Kopfstützen mit Drückknöpfen, größere Rückleuchten für alle Modelle.
Modelle: DS 20 Limousine, Pallas, Prestige, Prestige Pallas, DS 21 Limousine, Pallas, Prestige, Prestige Pallas, Cabriolet, DS 21 injection électronique Limousine, Pallas, Prestige, Prestige Pallas, Cabriolet.
1. September 1969 bis 31. August 1970: Chassis-Nr. DS 20 4.341.301 bis 4.348.018 (mit halbautom. Getriebe), 4.454.700 bis ? (mit mechan. Getriebe), 4.497.501 bis 4.501.356 (mit mechan. Getriebe), DS 21 4.640.501 bis 4.647.849 (mit halbautom. Getriebe), DS 21 injection 00.FA.0003 bis 01.FA.3636 (mit halbautom. Getriebe), 00.FB.0003 bis 00.FB.3822 (mit mechan. Getriebe).

D-Spécial / D-Super / Breaks 20 und 21

September 1970: Handbremse wie bei DS-Modellen nur offiziell als Fußbremse, gegen Aufpreis ist beim D-Super ein 5-Gang-Getriebe erhältlich. Nach wie vor ist die hydraulisch unterstützte Lenkung für die ID- bzw.

D-Spécial- und D-Super-Modelle nur gegen Aufpreis lieferbar. Bei Exportausführungen können sich die Ausstattungen verändern, Batteriehalterung wieder auf der Fahrerseite, größere Rückleuchten für alle Modelle.
1. September 1969 bis 31. August 1970: Chassis-Nr. D-Spécial 3.900.000 bis 3.929.133, D-Super 3.837.000 bis 3.865.268, ID 20 F Familiale, Break und Commerciale 3.990.000 bis 3.994.422 (mit mechan. Getriebe), 3.980.000 bis ? (mit halbautom. Getriebe) in Deutschland nicht angeboten, war in Frankreich auch nur gegen Aufpreis von Februar 1968 bis Oktober 1970 lieferbar), ID 21 F Familiale, Break und Commerciale 33.565.000 bis 3.567.292 (mit mechan. Getriebe), ID 21 F Familiale, Break und Commerciale 3.576.600 bis ? (mit halbautom. Getriebe nur von Februar 1969 bis Oktober 1972 lieferbar). Stückzahlen D-Modelle insgesamt: 103.633, Cabriolet 40.

1971 DS 20 / DS 21

Juni 1971: Cabriolets und Prestige ohne Pallas-Ausstattung werden nicht mehr angeboten. Bei allen Modellen gibt es neue Lenkräder mit umschäumtem Kunststoffmaterial.
September 1971: Neue versenkte Türgriffe bei allen Modellen, Rückfahrscheinwerfer unter der Stoßstange, Kindersicherungen an den hinteren Türen, verschließbares, nun beleuchtetes Handschuhfach, ebenfalls beleuchteter Zigarettenanzünder und beleuchtete Heizungsbetätigung, statt teilweise gegen Aufpreis jetzt serienmäßig Zusatz-Jod-Scheinwerfer, Hauptscheinwerfer mit Höhenkorrektor ausgerüstet, Pallas-Modelle serienmäßig mit Mittelarmlehne, DS 20 nun mit 98 PS bei 5750 U/min. statt 90 PS, Höchstgeschwindigkeit 169 km/h, Sitzhöhenverstellung beim Fahrersitz jetzt serienmäßig bei den Pallas-Modellen. Gegen Aufpreis von 2500 Francs können die DS 21-Modelle mit einem vollautomatischen Borg-Warner-Getriebe ausgerüstet werden.
Modelle: DS 20 Limousine und Pallas (kein Prestige mehr), DS 21 Limousine, Pallas, Prestige Pallas, DS 21 injection Limousine, Pallas und Prestige Pallas.
1. September 1970 bis 31. August 1971: Chassis-Nr. DS 20 4.700.001 bis 4.705.833 (nur mit halbautom. Getriebe), DS 21 Limousine 4.648.501 bis 4.653.749 (mit halbautom. Getriebe), 4.505.001 bis 4.509.438 (mit mechan. Getriebe), DS 21 injection 01.FA.4001 bis 02.FA.1884 (mit halbautom. Getriebe), 00.FB.6001 bis 01.FB.3001 (mit mechan. Getriebe).

D-Spécial / D-Super / Breaks 20 und 21

September 1971: Neue versenkte Türgriffe bei allen Modellen, neues umschäumtes Lenkrad aus Kunststoffmaterial, Kindersicherungen an den hinteren Türen, abschließbares, nun beleuchtetes Handschuhfach, Kontrolleuchte für Bremsbelagabnutzung (außer D-Spécial), neu gestaltete Türverkleidungen mit nicht mehr eingearbeiteten Armlehnen, beleuchteter Zigarettenanzünder und beleuchtete Heizungsbetätigung (außer D-Spécial). Alle Modelle außer D-Spécial erhalten nun: Rückfahrscheinwerfer (bei den Break-Modellen erfüllt nun die Leuchte für das Schlußlicht auch die Funktion des Bremslichtes, die untere Leuchte beherbergt nun den Rückfahrscheinwerfer), Kompressorhorn, Zusatz-Jod-Scheinwerfer, Höhenkorrektor für die Hauptscheinwerfer. D-Spécial nun mit 89 PS bei 5750 U/min., Höchstgeschwindigkeit 163 km/h, D-Super nun mit 98 PS bei 5750 U/min., Höchstgeschwindigkeit 169 km/h, die Modelle Break und Familiale 20 und 21 luxe werden nicht mehr angeboten.
1. September 1970 bis 31. August 1971: Chassis-Nr. D-Spécial 3.932.001 bis 3.955.833, D-Super 3.872.001 bis 4.004.238, ID 20 F Familiale, Break und Commerciale 3.995.001 bis 3.999.400, ID 21 F Familiale, Break und Commerciale 3.567.801 bis 3.570.316. Stückzahlen D-Modelle: 84.328, Cabriolet 13.

1972 DS 20 / DS 21 / DS 23

September 1972: Neue Modelle DS 23, die den DS 21 bzw. DS 21 injection ablösen, DS 23 mit vergrößertem 2347-ccm-Motor mit 110 PS, Höchstgeschwindigkeit 179 km/h, DS 23 injection mit 126 PS, Höchstgeschwindigkeit 188 km/h, beide Modelle wahlweise mit 4-Gang-Halbautomatik oder mechanischem 5-Gang-Getriebe lieferbar, bei allen DS-Modellen ein in der Höhe verstellbarer Fahrersitz serienmäßig, DS 23-Modelle wahlweise mit vollautomatischem Borg-Warner-Getriebe lieferbar, Kopfstützen nun in die Lehne gesteckt, Handbremse endgültig als Fußbremse, H4-Halogenlicht für Export.
Modelle: DS 20 Limousine und Pallas, DS 23 Limousine, Pallas und Prestige Pallas, DS 23 injection Limousine, Pallas und Prestige Pallas.
1. September 1971 bis 31. August 1972: Chassis-Nr. DS 20 4.707.501 bis 4.714.135, DS 21 4.658.011 bis 4.663.585 (mit halbautom. Getriebe), 4.510.501 bis 4.514.926 (mit mechan. Getriebe), DS 21 injection 02.FA.5022 bis 03.FA.3163 (mit halbautomatischem Getriebe), 01.FB.3001 bis 01.FB.7818 (mit mechanischem Getriebe)

D-Spécial / D-Super / Breaks 20 und 21/23

September 1972: D-Spécial erhält den 98-PS-Motor des D-Super, D-Super unverändert, D-Super 5 mit dem ehemaligen DS 21-Motor mit 104 PS und einem mechanischen 5-Gang-Getriebe, Break, Familiale und Commerciale wahlweise mit dem 98-PS- oder mit dem neuen DS 23-Motor mit 110 PS zu haben, D-Spécial und D-Super bzw. Super 5 erhalten neue Schilder auf den Kofferraumdeckeln, die die alten Schriftzüge ablösen, die Break-Modelle erhalten nun die Bezeichnung DS 20 und DS 23, ebenfalls ab jetzt auf der unteren Klappe zu lesen.

D-Super-Modelle erhalten jetzt verchromte Fensterkurbeln und Türinnengriffe (bisher aus Kunststoff oder Inox, für den Export sind Veränderungen möglich), hydraulisch unterstützte Lenkung und heizbare Heckscheibe sind nun serienmäßig statt gegen Aufpreis zu haben, H4-Halogenlicht für den Export, D-Super 5 erhält gleiche Reifengröße vorn und hinten (180 x 380 XAS). Modelle: D-Spécial, D-Super 5, Break Confort 20 und 23, Familiale Confort 20 und 23, Commerciale 20 und 23.

1. September 1971 bis 31. August 1972: Chassis-Nr. D-Spécial 00.FC.0002 bis 2.FC.3482, D-Super 00.FD.0003 bis 03.FD.2274, ID 20 Break, Familiale und Commerciale 8.100.001 bis 8.403.378, ID 21 Break, Familiale und Commerciale 3.571.001 bis 3.573.443. Stückzahl D-Modelle insgesamt: 92.483.

1973 DS 20 / DS 23

Juli 1973: Bremskolben vorn aus Alu statt Stahl.
September 1973: Alle DS-Modelle erhalten eine Windschutzscheibe aus Super Triplex (doppelt starke Innenfolie).
Modelle: DS 20 Limousine und Pallas, DS 23 Limousine, Pallas und Prestige, DS 23 injection, DS 23 Limousine, Pallas und Prestige.
1. September 1972 bis 31. August 1973: Chassis-Nr. DS 20 4.714.501 bis 4.721.059, DS 23 00.FE.0001 bis 00.FE.9638 (mit halbautom. und mechan. Getriebe), DS 23 injection 00.FG.0001 bis 01.FG.4921 (mit halbautom. und mechan. Getriebe).

D-Spécial / D-Super / D-Super 5 / DS 20 Breaks / DS 23 Breaks

September 1973: Einstellung des Typs Commerciale 23. Triplex-Scheibe gegen Aufpreis.
Modelle: D-Spécial, D-Super, D-Super 5, DS 20 / DS 23 Break, DS 20 / DS 23 Familiale Confort, DS 20 / DS 23 Commerciale.
1. September 1972 bis 31. August 1973: Chassis-Nr. D-Spécial und D-Super 04.FD.0001 bis 07.FD.0578, D-Super 5 4.516.001 bis 4.543.464, DS 20 F Familiale, Break und Commerciale 8.404.001 bis 8.407.841, DS 23 F Familiale, Break und Commerciale 00.FF.0001 bis 00.FF.2847.
Stückzahl D-Modelle insgesamt: 96.990.

1974 DS 20 / DS 23

September 1974: Warnblinkanlage serienmäßig, keine Nicht-Pallas-Version des DS 23 mehr lieferbar.
Modelle: wie 1973.
1. September 1973 bis 31. August 1974: Chassis-Nr. DS 20 4.721.501 bis 4.727.720, DS 23-Modelle 01.FE.0001 bis 01.FE.6446, DS 23 injection-Modelle 01.FG.5001 bis 02.FG.4095.

D-Spécial / D-Super / D-Super 5 / DS 20 Breaks / DS 23 Breaks

September 1974: Warnblinkanlage serienmäßig, Commerciale 20 und Familiale 23 werden nicht mehr angeboten.
Modelle: wie 1973.
1. September 1973 bis 31. August 1974: Chassis-Nr. D-Spécial und D-Super 07.FD.1001 bis 09.FD.8907, D-Super 5 4.543.501 bis 4.560.973, DS 20 Break, Familiale und Commerciale 8.408.001 bis 8.411.610, DS 23 Break und Familiale 00.FF.3001 bis 00.FF.5371.
Stückzahlen D-Modelle insgesamt: 40.039.

1975

Gezogene Stahlkugeln (500 ccm) ersetzen die geschraubten (700 ccm), Druck vorn 75 bar, hinten 35 bar. Breaks weiter hinten geschraubt mit 37 bar.
Januar 1975: Kein D-Super 5 mehr.
24. April 1975: Das letzte D-Modell, ein DS 23 injection Pallas, verläßt mit der Nummer 1.330.755 das Werk, insgesamt sind aber 1.455.746 Fahrzeuge gebaut worden, wenn man die Produktion in den ausländischen Montagewerken, hauptsächlich in Belgien, mitrechnet.
Modelle Ambulance wird bis 1976 weiter angeboten.
1. September 1974 bis 24. April 1975: Chassis-Nr. DS 20 4.728.201 bis ?, DS 23 01.FE.8501 bis ?, DS 23 injection 02.FG.5001 bis ?. Chassis-Nr. D-Spécial und D-Super 10.FD.5001 bis ?, D-Super 5 4.565.001 bis ?, DS 20 Break und Familiale 8.413.501, DS 23 Break 00.FF.7501.
Stückzahl D-Modelle insgesamt: 847.

Farben 1956-1975

Aufgrund einer nicht geführten Statistik erhebt die Liste keinen Anspruch auf Vollständigkeit. Falls möglich, sind die gültigen Farbnummern hinter den Bezeichnungen angegeben. Eine runde Plakette mit der Farbnummer ist bei jedem Fahrzeug an der Spritzwand im Motorraum auf der Beifahrerseite befestigt.

1956
schwarz, aubergine AC 406, vert printemps AC 505, champagne AC 134 (mit cremefarbenem Dach), schwarz mit cremefarbenem Dach.

1957-1959
zusätzlich: gris métallisé (mit cremefarbenem Dach), bleu turquoise AC 138, gris rosé AC 136 (Basisfarbe für die Break-Modelle).

1960
bleu Monte Carlo AC 605, vert mélézé AC 507, écaille blonde AC 306, marron glacé AC 143, gris palombe AC 145 (alle Farben zusammen mit cremefarbenem Dach), gris rosé AC 136, rouge Esterel AC 408, jaune Panama AC 307, jaune jonquille AC 305, bleu nuage AC 604, bleu glacier AC 606, schwarz AC 200, bleu delphinium AC 603.

1961
gleiche Farben; gris palombe, jaune Panama verschwinden, ebenso gris rosé für die Limousinen. Zusätzlich: bleu pacifique AC 607, gris typhon AC 147, antrazithe AC 101, ambre doré AC 308, gris mouette AC 146.

1962
rouge Esterel und bleu Pacifique bleiben. Zusätzlich: blanc Carrare AC 144 (bis 1968!), absinthe AC 512, gris antrazithe AC 101, beige antillaise AC 309, blanc paros AC 102, vert olive AC 510, brun palisandre AC 409.

1963
kein brun palisandre, absinth und beige antillais mehr. Zusätzlich: bleu de Provence AC 612, gris sable AC 104, bleu ardoise AC 105, brun aurochs AC 412, rouge carnim AC 411, vert tilleul AC 516.

1964
schwarz (1960 waren noch 23 Prozent der ID/DS schwarz, 1964 sind es neun Prozent, 1972 werden es twei Prozent sein), blanc Carrare, gris antrazithe, blanc paros, bleu de Provence, rouge carmin, vert tilleul, gris d'été AC 106 oder AC 186, brin isard AC 414, vert épicéa AC 515.

1965
kein vert tilleul, gris sable, brun auroch, vert épicéa mehr. Zusätzlich: bleu d'Orient AC 616, gris palladium AC 108, gris cyclone AC 119.

1966
blanc Carrare, schwarz, blanc paros, vert hedera AC 518, bleu d'Orient, gris palladium, gris cyclone, gris ciel lourd AC 120, rouge cornaline AC 419, brun sardoine AC 420.

1967
kein brun sardoine mehr, dafür wieder bleu Monte Carlo AC 605. Zusätzlich: vert Jura AC 509 und gris Kandahar AC 133.

1968
schwarz, blanc Carrare, gris palladium, gris Kandahar, vert Illiciné AC 521, bleu andalou AC 623, gris nocturne AC 099, bleu angora AC 624, rouge corsaire AC 403.

1969
schwarz, gris ciel lourd, gris Kandahar, bleu andalou, blanc stellaire AC 097 (24 Prozent der Fahrzeuge; löst blanc Carrare ab), gris nacré métallisé AC 095, vert charmille AC 522, brun écorce AC 401, blanc albâtre AC 096.

1970
kein blanc stellaire mehr. Schwarz, gris nacré, blanc cygne AC 093, gris brumaire AC 092, vert musciné AC 542, sable métal AC 318, bleu platine métallisé AC 632, bleu Danube AC 630, beige agate.

1971
schwarz, vert Charmille AC 522, sable métal, bleu platine, beige albatros AC 087, gris d'Anjou AC 086, rouge de Rio AC 424, bronze métallisé AC 320.

1972
schwarz, gris palladium, gris nacré, vert charmille,

bleu platine, sable métal, blanc Meije AC 088, beige albatros (22 Prozent der Modelle), bleu Camargue AC 635, vert argenté métallisé AC 527, rouge Massena AC 423, rouge de Grenade AC 426.

1973
zusätzlich: ivoire borely AC 084, beige Tholonet métallisé AC 085, brun scarabée métallisé AC 427, kein rouge de Grenade mehr.

1974
kein rouge Massena und vert argenté mehr, dafür zusätzlich: bleu delta métallisé AC 640, bleu lagune AC 639.

1975
gleiche Farben

Preise und Modelle 1955-1975

1955/1956
DS 19: 930.000 Francs

1956/1957
ID 19 Normale:	860.000 Francs
ID 19 luxe:	925.000 Francs
ID 19 Confort:	967.000 Francs
DS 19:	965.000 Francs
(ab Mai 1957	1.065.000 Francs)

1957/1958
ID 19 Normale:	860.000 Francs
ID 19 luxe:	925.000 Francs
ID 19 Confort:	967.000 Francs
DS 19:	1.069.000 Francs

1958/1959
ID 19 Normale:	943.900 Francs
ID 19 luxe:	1.015.600 Francs
ID 19 Confort:	1.062.000 Francs
ID 19 Break:	1.250.200 Francs
ID 19 Familiale luxe:	1.243.800 Francs
ID 19 Commerciale:	1.263.900 Francs
DS 19:	1.170.700 Francs

1959/1960
ID 19 Normale:	946.300 Francs
ID 19 luxe:	1.018.000 Francs
ID 19 Confort:	1.064.400 Francs
ID 19 Break luxe:	1.278.600 Francs
ID 19 Break Confort:	1.343.800 Francs
ID 19 Familiale luxe:	1.311.300 Francs
ID 19 Familiale Confort:	1.346.700 Francs
ID 19 Commerciale:	1.300.000 Francs
DS 19:	1.173.100 Francs
DS 19 Prestige:	1.444.500 Francs

1960/1961
ID 19 Normale:	9.970 Francs
ID 19 luxe:	10.720 Francs
ID 19 Confort:	11.200 Francs
ID 19 Confort, mit Trennscheibe:	13.130 Francs
ID 19 Cabriolet:	21.300 Francs
ID 19 Break luxe:	13.370 Francs
ID 19 Break Confort:	14.040 Francs
ID 19 Familiale luxe:	13.700 Francs
ID 19 Familiale Confort:	14.070 Francs
ID 19 Commerciale luxe:	13.600 Francs
DS 19:	12.820 Francs
DS 19 Prestige:	15.550 Francs
DS 19 Cabriolet:	22.040 Francs

1961/1962
ID 19 luxe:	10.720 Francs
ID 19 Confort:	11.200 Francs
ID 19 Confort, mit Trennscheibe:	13.130 Francs
ID 19 Cabriolet:	21.300 Francs
ID 19 Break luxe:	13.370 Francs
ID 19 Break Confort:	14.040 Francs
ID 19 Familiale luxe:	13.700 Francs
ID 19 Familiale Confort:	14.070 Francs
ID 19 Commerciale luxe:	13.600 Francs
DS 19:	12.920 Francs
DS 19 Prestige:	15.650 Francs
DS 19 Cabriolet:	22.140 Francs

1962/1963
ID 19 luxe:	11.215 Francs
ID 19 Confort:	11.635 Francs
ID 19 Confort, mit Trennscheibe:	13.630 Francs
ID 19 Cabriolet:	21.885 Francs
ID 19 Break luxe:	14.025 Francs
ID 19 Break Confort:	14.695 Francs
ID 19 Familiale luxe:	14.355 Francs
ID 19 Familiale Confort:	14.725 Francs

Genfer Salon 1959 - Chapron zeigt erstmals sein „La Croisette" -Cabrio.

Da staunt der General, und zwar über Chaprons „Concorde" auf dem Salon im Oktober 1965.

Seltenes Dokument: Henri Chapron auf dem Pariser Salon 1961 mit einem Cabriolet Le Caddy.

ID 19 Commerciale luxe:	14.275 Francs
DS 19:	13.365 Francs
DS 19 Prestige:	16.125 Francs
DS 19 Cabriolet:	22.675 Francs

1963/1964

ID 19 luxe:	11.555 Francs
ID 19 Confort:	11.990 Francs
ID 19 Confort, mit Trennscheibe:	14.040 Francs
ID 19 Cabriolet:	22.540 Francs
ID 19 Break luxe:	14.450 Francs
ID 19 Break Confort:	15.280 Francs
ID 19 Familiale luxe:	14.790 Francs
ID 19 Familiale Confort:	15.170 Francs
ID 19 Commercial luxe:	14.700 Francs
DS 19:	14.245 Francs
DS 19 Prestige:	17.180 Francs
DS 19 Cabriolet:	24.095 Francs

1964/1965

ID 19 luxe:	11.775 Francs
ID 19 Confort:	12.210 Francs
ID 19 Confort, mit Trennscheibe:	14.260 Francs
ID 19 Cabriolet:	22.805 Francs
ID 19 Break luxe:	14.605 Francs
ID 19 Break Confort:	15.435 Francs
ID 19 Familiale luxe:	14.945 Francs
ID 19 Familiale Confort:	15.325 Francs
ID 19 Commerciale luxe:	14.855 Francs
DS 19:	14.245 Francs
DS 19 Pallas:	15.730 Francs
DS 19 Prestige:	17.180 Francs
DS 19 Cabriolet:	24.200 Francs

1965/1966

ID 19 luxe:	11.905 Francs
ID 19 Confort:	12.340 Francs
ID 19 Confort, mit Trennscheibe:	14.390 Francs
ID 19 Break luxe:	14.860 Francs
ID 19 Break Confort:	15.690 Francs
ID 19 Familiale luxe:	15.200 Francs
ID 19 Familiale Confort:	15.580 Francs
ID 19 Commerciale luxe:	15.116 Francs
ID 21 Break luxe:	15.860 Francs
ID 21 Break Confort:	16.690 Francs
ID 21 Familiale luxe:	16.200 Francs
ID 21 Familiale Confort:	16.580 Francs
ID 21 Commerciale luxe:	16.138 Francs
DS 19:	14.500 Francs
DS 19 Pallas:	15.985 Francs

DS 19 Prestige:	17.435 Francs
DS 21:	15.500 Francs
DS 21 Pallas:	16.985 Francs
DS 21 Prestige:	18.435 Francs
DS 21 Cabriolet:	26.257 Francs

1966/1967

ID 19 luxe:	12.305 Francs
ID 19 Confort:	12.740 Francs
ID 19 Confort, mit Trennscheibe:	14.790 Francs
ID 19 Break luxe:	14.860 Francs
ID 19 Break Confort:	15.690 Francs
ID 19 Familiale luxe:	15.200 Francs
ID 19 Familiale Confort:	15.580 Francs
ID 19 Commerciale luxe:	15.116 Francs
ID 21 Break luxe:	15.860 Francs
ID 21 Confort:	16.690 Francs
ID 21 Familiale luxe:	16.200 Francs
ID 21 Familiale Confort:	16.690 Francs
ID 21 Commerciale luxe:	16.138 Francs
DS 19:	14.650 Francs
DS 19 Pallas:	16.135 Francs
DS 19 Prestige:	17.585 Francs
DS 21:	15.650 Francs
DS 21 Pallas:	17.135 Francs
DS 19 Prestige:	18.585 Francs
DS 21 Cabriolet:	26.410 Francs

1967/1968

ID 19 luxe:	12.944 Francs
ID 19 Confort:	13.393 Francs
ID 19 Confort, mit Trennscheibe:	15.505 Francs
ID 19 Break luxe:	15.589 Francs
ID 19 Break Confort:	16.444 Francs
ID 19 Familiale luxe:	15.939 Francs
ID 19 Familiale Confort:	16.331 Francs
ID 19 Commerciale luxe:	15.375 Francs
ID 21 Break luxe:	16.616 Francs
ID 21 Break Confort:	17.471 Francs
ID 21 Familiale luxe:	16.966 Francs
ID 19 Familiale Confort:	17.358 Francs
ID 21 Commerciale luxe:	16.398 Francs
DS 19:	15.534 Francs
DS 19 Pallas:	17.129 Francs
DS 19 Prestige:	18.616 Francs
DS 21:	15.565 Francs
DS 21 Pallas:	18.105 Francs
DS 21 Prestige:	19.641 Francs
DS 21 Cabriolet:	24.741 Francs

1968/1969

ID 19 luxe:	14.588 Francs
ID 19 Export:	14.388 Francs
ID 19 Confort:	15.232 Francs
ID 19 Confort, mit Trennscheibe:	17.532 Francs
ID 20 Confort:	16.136 Francs
ID 20 Break luxe:	17.624 Francs
ID 20 Break Confort:	18.556 Francs
ID 20 Familiale luxe:	18.004 Francs
ID 20 Commerciale luxe:	17.392 Francs
ID 21 Break luxe:	18.852 Francs
ID 21 Break Confort:	19.780 Francs
ID 21 Familiale luxe:	19.323 Francs
ID 21 Familiale Confort:	19.660 Francs
ID 21 Commerciale luxe:	18.612 Francs
DS 20:	17.564 Francs
DS 20 Pallas:	19.300 Francs
DS 20 Prestige:	20.924 Francs
DS 21:	18.796 Francs
DS 21 Pallas:	20.476 Francs
DS 21 Prestige:	22.148 Francs
DS 21 Cabriolet:	32.708 Francs

1969/1970

D-Spécial:	14.180 Francs
D-Super:	15.580 Francs
Break 20 luxe:	18.480 Francs
Break 20 Confort:	19.480 Francs
Familiale 20 luxe:	18.880 Francs
Familiale 20 Confort:	19.280 Francs
Commerciale 20 luxe:	18.280 Francs
Break 21 luxe:	19.704 Francs
Break 21 Confort:	20.704 Francs
Familiale 21 luxe:	20.104 Francs
Familiale 21 Confort:	20.504 Francs
Commerciale 21 luxe:	19.504 Francs
DS 20:	18.480 Francs
DS 20 Pallas:	20.480 Francs
DS 20 Prestige:	22.680 Francs
DS 21:	19.680 Francs
DS 21 Pallas:	21.680 Francs
DS 21 Prestige:	23.880 Francs
DS 21 Cabriolet:	35.500 Francs
DS 21 Injection:	22.180 Francs
DS 21 Injection Pallas:	24.180 Francs
DS 21 Injection Prestige:	26.380 Francs
DS 21 Injection Cabriolet:	38.000 Francs

1970/1971

D-Spécial:	15.500 Francs

D-Super:	17.600 Francs
D-Super 5:	17.900 Francs
Break 20 luxe:	20.820 Francs
Break 20 Confort:	21.940 Francs
Familiale 20 luxe:	21.300 Francs
Familiale 20 Confort:	21.740 Francs
Commerciale 20:	20.620 Francs
Break 21 luxe:	22.080 Francs
Break 21 Confort:	23.200 Francs
Familiale 21 luxe:	22.560 Francs
Familiale 21 Confort:	23.000 Francs
Commerciale 21:	21.880 Francs
DS 20:	20.600 Francs
DS 20 Pallas:	22.600 Francs
DS 20 Prestige:	25.320 Francs
DS 20 Prestige Pallas:	27.320 Francs
DS 21:	22.700 Francs
DS 21 Pallas:	24.700 Francs
DS 21 Prestige:	27.420 Francs
DS 21 Prestige Pallas:	29.420 Francs
DS 21 Cabriolet:	39.760 Francs
DS 21 Injection:	25.300 Francs
DS 21 Injection Pallas:	27.300 Francs
DS 21 Injection Prestige:	30.020 Francs
DS 21 Injection Prestige Pallas:	32.020 Francs
DS 21 Injection Cabriolet:	42.360 Francs

1971/1972

D-Spécial:	15.928 Francs
D-Super:	18.360 Francs
D-Super 5:	18.616 Francs
Break 20 Confort:	22.900 Francs
Familiale 20 Confort:	22.856 Francs
Commerciale 20:	21.724 Francs
Break 21 Confort:	24.127 Francs
Familiale 21 Confort:	24.128 Francs
Commerciale 21:	22.996 Francs
DS 20:	21.868 Francs
DS 20 Pallas:	23.552 Francs
DS 21:	23.744 Francs
DS 21 Pallas:	25.676 Francs
DS 21 Prestige Pallas:	30.440 Francs
DS 21 Injection:	26.368 Francs
DS 21 Injection Pallas:	28.300 Francs
DS 21 Injection Prestige Pallas:	33.064 Francs

1972/1973

D-Spécial:	17.200 Francs
D-Super:	19.700 Francs
D-Super 5:	20.900 Francs
DS 20 Break:	24.300 Francs
DS 20 Familiale:	24.300 Francs
DS 20 Commerciale:	23.040 Francs
DS 23 Break:	26.500 Francs
DS 23 Familiale:	26.500 Francs
DS 23 Commerciale:	25.240 Francs
DS 20:	22.800 Francs
DS 20 Pallas:	24.800 Francs
DS 23:	25.000 Francs
DS 23 Pallas:	27.000 Francs
DS 23 Prestige Pallas:	31.860 Francs
DS 23 Injection:	27.600 Francs
DS 23 Injection Pallas:	29.600 Francs
DS 23 Injection Prestige Pallas:	34.460 Francs

1973/1974

D-Spécial:	17.996 Francs
D-Super:	20.700 Francs
D-Super 5:	21.940 Francs
DS 20 Break:	25.240 Francs
DS 20 Familiale:	25.240 Francs
DS 20 Commerciale:	24.040 Francs
DS 23 Break:	27.340 Francs
DS 23 Familiale:	27.340 Francs
DS 20:	23.740 Francs
DS 20 Pallas:	25.940 Francs
DS 23:	25.840 Francs
DS 23 Pallas:	28.040 Francs
DS 23 Prestige Pallas:	33.140 Francs
DS 23 Injection:	28.440 Francs
DS 23 Injection Pallas:	30.640 Francs
DS 23 Injection Prestige Pallas:	35.740 Francs

1974/1975

D-Spécial:	24.768 Francs
D-Super:	27.096 Francs
Break 20 Confort:	32.416 Francs
Break 23 Confort:	34.672 Francs
DS 20:	31.088 Francs
DS 20 Pallas:	33.768 Francs
DS 23 Pallas:	36.368 Francs
DS 23 Injection Pallas:	39.568 Francs

Der Citroën DS beweist seine Qualitäten in der ganzen Welt: DS 19 von 1958.

Weitere empfehlenswerte Bücher des Podszun-Verlags

Fordern Sie kostenlos und völlig unverbindlich unseren neuen Prospekt an mit Büchern über:

- Lastwagen
- Motorräder
- Autos
- Traktoren
- Feuerwehrfahrzeuge
- Lokomotiven
- Baumaschinen

Verlag Podszun-Motorbücher
Postfach 1525
D-59918 Brilon
Fax 02961 / 9639900

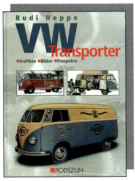

144 Seiten, ISBN 3-86133-295-7
28 x 21 cm, fester Einband
EUR 19,90

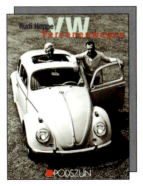

144 Seiten, ISBN 3-86133-209-4
28 x 21 cm, fester Einband
EUR 19,90

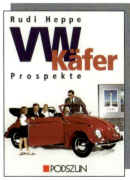

144 Seiten, ISBN 3-86133-271-X
28 x 21 cm, fester Einband
EUR 19,90

144 Seiten, ISBN 3-86133-244-2
28 x 21 cm, fester Einband
EUR 19,90

144 Seiten, ISBN 3-86133-169-1
28 x 21 cm, fester Einband
EUR 19,90

223 Seiten, ISBN 3-86133-205-1
28 x 21 cm, fester Einband
EUR 44,90

144 Seiten, ISBN 3-86133-120-9
28 x 21 cm, fester Einband
EUR 19,90

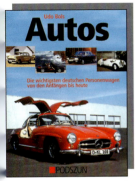

144 Seiten, ISBN 3-923448-67-8
28 x 21 cm, fester Einband
EUR 19,90

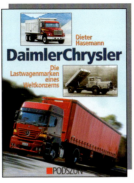

144 Seiten, ISBN 3-86133-285-X
28 x 21 cm, fester Einband
EUR 24,90

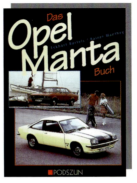

144 Seiten, ISBN 3-86133-243-4
28 x 21 cm, fester Einband
EUR 19,90

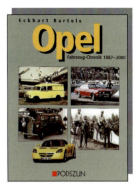

144 Seiten, ISBN 3-86133-146-2
28 x 21 cm, fester Einband
EUR 24,90